Cornelia Schinharl

VEGETARISCHE MITTELMEER KÜCHE

VON GIBRALTAR BIS ISTANBUL

FOTOGRAFIE

Heinz-Josef Beckers und Franz Schotten jun.

INHALTSVERZEICHNIS

Genießen mit allen Sinnen! 4

Aller Anfang ist bunt – Vorspeisen 6

Tomaten-Crostini	10
Gegrillte Paprika mit Schafkäse	10
Tzatziki	12
Möhrenjoghurt	12
Zucchinipuffer	15
Gefüllte Tomaten	15
Marinierte Zucchini	17
Marinierte Zwiebeln	17
Orangensalat mit schwarzen Oliven	19
Gemüsesalat mit Olivencreme	19
Auberginentatar	20
Bauernsalat	20
Weiße-Bohnen-Salat	22
Kartoffelcreme mit Knoblauch	22
Bulgursalat	25
Kichererbsencreme	25

Ein Topf, ein Deckel – Suppen und Eintöpfe 26

Kalte Gemüsesuppe mit Croûtons	30
Knoblauchsuppe	30
Gemüsesuppe mit Basilikumpaste	33
Kichererbsensuppe mit Spinat	34
Brotsuppe mit Mozzarella	34
Rote Linsensuppe	37
Kürbiscremesuppe	37
Gemüsetopf mit Artischocken	38

Was wäre ohne ... – Nudeln, Kartoffeln, Reis 40

Tagliatelle mit Pesto	45
Spaghetti mit Rucola	46
Vermicelli mit Gemüse	46
Lasagne mit Spinat und Ricotta	49

Ravioli mit Kürbisragout	50
Mangoldrisotto	53
Artischockenrisotto	53
Tomaten-Mozzarella-Pizza	54
Kartoffeln mit Nußsauce	57
Kartoffeltortilla	57
Gnocchi mit Kräuter-Safran-Butter	58

Leidenschaftlich gern – Gemüse 60

Ratatouille	65
Sizilianisches Auberginengemüse	65
Musaka mit Zwiebel-Nuß-Ragout	66
Okraschoten mit Tomaten	69
Geschmorte Auberginen	69
Gefüllte Paprika und Tomaten	71
Mangold mit Rosinen	72
Buntes Gemüsegratin	72
Gemüse-Käse-Pastete	74
Gemüsegratin mit Schafkäse	76
Spinat mit Joghurt	76
Spargel-Frittata	79
Paprika-Omelett	79

Zum süßen Finale! – Nachspeisen 80

Mandel-Pinien-Gebäck	85
Orangensorbet	85
Zitronentarte	86
Crème caramel	89
Grießhalva	89
Windbeutel-Duett	90
Erdbeeren mit Anissahne	92
Rotweinbirnen	92
Register	94
Impressum	95

Genießen mit allen Sinnen!

Flirrende Hitze, leuchtende Farben, Sonne, Strand und Lebenslust – all dies findet man in den Mittelmeerländern im Überfluß. Dazu eine üppige, abwechslungsreiche Vegetation, die zahlreiche Köstlichkeiten für die vegetarische Küche hervorbringt.

Natürlich leben im Mittelmeerraum nicht nur Vegetarier, sondern auch Fleisch und vor allem Seefisch wird gerne gegessen – in der Regel ganz einfach zubereitet, nämlich gegrillt oder gebraten. Doch immer kommt Gemüse und Salaten ein wichtiger Stellenwert zu. Es gibt kaum andere Lebensmittel, die sich auf so vielfältige Weise immer wieder neu und phantasievoll zubereiten lassen. Und die Mittelmeerküche ist abwechslungsreich und kreativ!

Mittelmeerklassiker und Neues

Sie finden in diesem Buch Gerichte aus Spanien, Italien, Griechenland, der Türkei und aus Südfrankreich. Die Mittelmeerländer an der Nordküste Afrikas haben wir nicht berücksichtigt. Das hätte den Rahmen dieses Buches gesprengt, denn gerade die arabische Küche ist ein eigenes, spannendes Thema.

Probieren Sie also sowohl echte Mittelmeerklassiker wie Tzatziki, Tagliatelle mit Pesto, Ratatouille und Kartoffeltortilla, als auch neue Ideen und ungewöhnlichere Kombinationen wie Kartoffelgnocchi mit Kräuter-Safran-Butter oder eine Musaka, die hier mit einem würzigen Zwiebel-Nuß-Ragout zubereitet wird. Typische Produkte der Mittelmeerregion haben wir außerdem für Sie in der hinteren Buchklappe zusammengestellt.

Vegetarisch essen ist gesund

Wer sich etwas anders ernährt als der Durchschnitt, also kein oder weniger Fleisch, Wurst und selten Eier ißt, der lebt einfach gesünder, wie zahlreiche Ernährungsstudien nachweisen. Denn wer seine Mahlzeiten hauptsächlich mit Gemüse, Salat, Hülsenfrüchten, Getreide und Kartoffeln bestreitet, nimmt weniger Fett und tierisches Eiweiß, dafür mehr Vitamine, Mineralstoffe und die wichtigen Ballaststoffe zu sich.

Übrigens, eine Richtlinie der Vollwerternährung lautet: Ein- bis zweimal pro Woche Fleisch oder Fisch und nicht mehr als 2 Eier liegen durchaus im Rahmen einer gesunden Ernährung.

Vollkorn- oder Weißmehl?

Vegetarisch zu essen bedeutet übrigens nicht zwangsläufig, nur vollwertige Zutaten zu verwenden. Sie können also durchaus auch Nudeln aus Weißmehl essen, wenn sie Ihnen besser schmecken. Denn Genuß und Freude am Essen sind ein wesentlicher Aspekt für körperliches und seelisches Wohlbefinden.

Oft dauert es auch eine Weile, bis man eine Nudel- oder Reissorte findet, die einem wirklich schmeckt. Probieren Sie einfach verschiedene Produkte. Die Auswahl ist inzwischen ja wirklich groß!

Entscheiden Sie selbst, ob Sie Weißmehl oder Vollkornmehl nehmen, beziehungsweise sich für den Mittelweg entscheiden und Mehl der Type 1050 verwenden. Bei der Zubereitung von Teigen ändert sich dadurch kaum etwas, vielleicht müssen Sie bei Vollkornmehl etwas mehr Wasser unterarbeiten. Statt Weizen- können Sie auch Dinkelmehl nehmen. Es hat fast noch bessere Backeigenschaften, ist allerdings auch etwas teurer.

Süßen auf andere Art

Bei den Süßspeisen können Sie statt raffiniertem weißen Zucker Zuckerrohrgranulat, braunen Rohrzucker oder auch einmal Ahornsirup verwenden, wenn Sie dem Dessert einen besonderen Geschmack verleihen möchten. Wichtiger als die Wahl des Süßmittels ist die Menge. Süßen Sie so wenig wie möglich!

Bio-logisch!

Beim Einkauf sollten Sie darauf achten, woher die Produkte stammen und wie sie angebaut wurden. Das Angebot an kontrolliert-ökologischen Produkten ist inzwischen so groß, daß man fast überall Gemüse, Getreide und Milchprodukte aus kontrollierten Betrieben in guter Qualität bekommt. Ebenso wichtig wie die Anbaumethoden ist die Frische der Produkte. Je kürzer die Transportwege zu Ihnen, desto frischer ist die Ware. Bevorzugen Sie deshalb Gemüse der Saison aus Ihrer Region. Kaufen Sie kritisch ein, und fragen Sie nach, woher die Produkte stammen. Sie werden merken, daß es einfach besser schmeckt.

Anmerkungen zu den Backofentemperaturen

Die Temperaturstufen bei Gasherden variieren von Hersteller zu Hersteller. Welche Stufe Ihres Herdes der jeweils angegebenen Temperatur entspricht, entnehmen Sie bitte der Gebrauchsanweisung.

Vorspeisen

Was wäre die Mittelmeerküche ohne Vorspeisen, ohne dieses vielfältige, köstliche Angebot an würzigen Kleinigkeiten – mit Raffinesse aus aromatisch-sonnengereiften Zutaten zubereitet, mal gefüllt, mal mariniert, mal gebraten oder als Salat serviert?

Qualität, Qualität

Wichtig für die Zubereitung der Vorspeisen – und natürlich auch für die anderen Gerichte in diesem Buch – ist die Qualität des Gemüses, Hauptbestandteil der meisten Mittelmeerspezialitäten. Denn mit zwar makellos rundem und gleichmäßigem, aber wäßrigem Gemüse wird das raffinierteste Rezept zu einem eher faden Vergnügen. Es lohnt sich also, einen Gemüsehändler, den Lieblingsstand auf dem Markt oder einen Naturkostladen zu suchen, der ausgereiftes Gemüse in guter Qualität anbietet. Weiterer Vorteil: In kleineren Geschäften wird man Sie mit der Zeit kennen, und Sie können auch fragen, woher das Gemüse kommt oder Anregungen geben, wenn Sie nicht ganz so zufrieden waren. Ebenfalls vorteilhaft ist es, sich nach dem Angebot der Saison zu richten. Das macht sich sowohl im Geschmack als auch beim Preis bemerkbar. Eine Hilfe hierfür bietet Ihnen der Saisonkalender in der vorderen Buchklappe.

Gut kombiniert

Wählen Sie entweder eine einzige Vorspeise aus, oder bieten Sie noch besser eine kleine Auswahl auf einem gemischten Vorspeisenteller an. Ihre Gäste werden sich freuen, denn viele essen lieber drei Vorspeisen als ein Hauptgericht.

Gut zusammen passen:
- Tzatziki (Seite 12), Zucchinipuffer (Seite 15) und Paprika mit Schafkäse (Seite 10)
- Tomaten-Crostini (Seite 10), Orangensalat mit schwarzen Oliven (Seite 19) und marinierte Zucchini (Seite 17)
- Möhrenjoghurt (Seite 12), Bulgursalat (Seite 25) und Auberginentatar (Seite 20)
- gefüllte Tomaten (Seite 14), marinierte Zwiebeln (Seite 17) und Weiße-Bohnen-Salat (Salat 22)

Bunte Buffets

Ebenfalls allseits beliebt sind bunte Vorspeisen-Buffets. Suchen Sie sich für 20 Personen etwa 10 Rezepte aus und bereiten Sie von einzelnen die doppelte Menge zu. Ergänzt wird mit Brot und Käse, eventuell auch mit Schinken oder Salami. Eine bis zwei Nachspeisen sollten Sie ebenfalls anbieten. Insgesamt also ein Spaß, der sich komplett vorbereiten läßt und sicher bei allen gut ankommt.

Wer nur ein Gericht zubereiten und trotzdem eine größere Vorspeisen-palette anbieten möchte, kann noch einige Köstlichkeiten im griechischen, türkischen oder italienischen Feinkostgeschäft besorgen: Oliven (pur oder pikant eingelegt beziehungsweise gefüllt), eingelegte Artischocken-herzen (in Öl; sind relativ teuer, aber wirklich köstlich), getrocknete, in Öl eingelegte Tomaten und marinierte Peperoni.

Einstimmung: ein Aperitif

Zur Begrüßung und auch zur Vor-speise selbst werden sich Ihre Gäste über einen Aperitif freuen. Das kann ein Glas erfrischender Prosecco oder Sekt sein – vor allem an heißen Sommertagen willkommen –, ein trockener oder halbtrockener Sherry, ein Vermouth oder auch ein leichtes Mixgetränk. Versuchen Sie einmal frisch gepreßten Grapefruitsaft mit etwas Kokosmilch aus der Dose, Sahne und Zucker nach Geschmack. Alles im Mixer oder mit dem Pürierstab durch-mischen. Statt Grapefruit- schmeckt auch Ananassaft, dann aber noch etwas Zitronensaft untermischen und auf den Zucker verzichten. Wer möchte, kann die Drinks mit einem Schuß weißem Rum mischen. Ebenfalls immer willkommen sind Kir (Sekt mit einem Schuß Cassis) oder Campari mit Orangensaft und Eis.

Und dazu ...

Brot sollten Sie immer reichlich anbieten, ob Sie sich dabei für Baguette oder Vollkornbaguette ent-scheiden, hängt von Ihrem Geschmack und dem Ihrer Gäste ab. Ganz dunkles Vollkornbrot paßt allerdings zu den feinen Vorspeisen nicht so gut. Es ist meist mit Sauerteig zubereitet und schmeckt einfach zu herb.

Vorbereiten – leicht gemacht

Fast alle Vorspeisen lassen sich optimal vorbereiten und bis zum Essen aufbe-wahren. Decken Sie sie dazu mit Klarsichtfolie oder einem Teller ab, und stellen Sie die Vorspeise in den Kühlschrank.

Aber: Nehmen Sie sie immer mindestens 1 Stunde, bevor die Gäste kommen, heraus. Denn alle Vorspeisen entfal-ten ihr Aroma besser, wenn sie zimmerwarm, also nicht zu kalt sind. Wenn Sie das einmal vergessen haben, geben Sie vor allem mari-niertes Gemüse für wenige Minuten in den heißen Backofen!

Zutaten für je 4 Personen

Tomaten-Crostini
1 mittelgroße Tomate
6 in Öl eingelegte getrocknete Tomaten
1 Knoblauchzehe
1/2 Bund Basilikum
2 Teel. Kapern
2 Eßl. Olivenöl
Salz
weißer Pfeffer, frisch gemahlen
12 dünne Scheiben (Vollkorn-)Baguette

Zubereitungszeit:
etwa 30 Minuten

Gegrillte Paprika
4 kleine, längliche rote Paprikaschoten
1/2 Bund Petersilie
1 Eßl. Zitronensaft
Salz
weißer Pfeffer, frisch gemahlen
2 Eßl. Olivenöl
200 g fester Schafkäse

Zubereitungszeit:
etwa 45 Minuten
(+ etwa 1 Stunde Marinierzeit)

Tomaten-Crostini
Aus Italien • Im Bild

• Die Tomate waschen und sehr fein würfeln, dabei den Stielansatz entfernen. Die getrockneten Tomaten sehr klein würfeln. Den Knoblauch schälen und fein hacken. Das Basilikum waschen und trockenschwenken. Die Blättchen abzupfen und in Streifen schneiden.

• Diese Zutaten mit Kapern und Öl mischen und mit Salz und Pfeffer abschmecken.

• Vor dem Servieren die Brotscheiben im Toaster oder im Backofen bei 250° (Mitte, Umluft 220°) auf dem Backblech etwa 4 Minuten rösten. Die Tomatenmasse auf den Brotscheiben verteilen und die Crostini sofort servieren.

Pro Portion etwa: 590 kJ/140 kcal

Variante: Mozzarella-Crostini
Die frische und 2 getrocknete Tomaten hacken, mit Salz und Pfeffer würzen und auf den ungetoasteten Brotscheiben verteilen. Mit je 1 etwa 1/2 cm dicken Mozzarellascheibe bedecken und im Ofen bei 250° (Mitte, Umluft 220°) etwa 5 Minuten backen.

Gegrillte Paprika mit Schafkäse
Aus Griechenland • Etwas aufwendiger

• Den Backofen auf 250° vorheizen. Die Paprikaschoten waschen, die Deckel abschneiden und entkernen. Die Schoten ganz auf ein Backblech legen und im Ofen (Mitte, Umluft 220°) etwa 20 Minuten backen, bis die Haut Blasen wirft.

• Die Schoten herausnehmen, mit einem feuchten Tuch bedecken und kurz ruhen lassen. Die Haut abziehen.

• Die Petersilie waschen, fein hacken. Mit Zitronensaft, Salz und Pfeffer mischen. Das Öl unterschlagen. Die Schoten innen und außen mit dieser Marinade beträufeln und mindestens 1 Stunde oder über Nacht ziehen lassen.

• Grill anheizen. Den Schafkäse in 4 Stücke schneiden, diese nochmals halbieren. Jeweils 2 Scheiben in die Schoten geben, diese auf den Rost über ein Backblech legen und unter den Grill schieben. Etwa 8 Minuten grillen, dabei einmal wenden. Warm servieren.

Pro Portion etwa: 830 kJ/200 kcal

Zutaten für je 4 Personen

Tzatziki
1 mittelgroße feste
Salatgurke
Salz
2 Knoblauchzehen
einige Blätter frische Minze,
ersatzweise Dill
400 g griechischer Joghurt
(eventuell aus Schafmilch)
2 Teel. Zitronensaft
1 Eßl. Olivenöl

Zubereitungszeit:
etwa 15 Minuten

Möhrenjoghurt
200 g junge Möhren
1 Knoblauchzehe
1 Eßl. Butter
Salz
1 kleines Bund Dill
200 g Joghurt (möglichst
aus Schafmilch)

Zubereitungszeit:
etwa 25 Minuten

Tzatziki
Aus Griechenland • Klassiker

• Die Gurke schälen und längs halbieren. Kerne mit einem Löffel herauskratzen, die Hälften fein raspeln oder sehr klein würfeln. Die Gurkenraspel mit Salz mischen und etwa 10 Minuten Wasser ziehen lassen. Die Flüssigkeit dann abgießen.

• Den Knoblauch schälen und durch die Presse drücken. Die Minze oder den Dill waschen, trockentupfen und in Streifen schneiden oder hacken. Beides mit den Gurkenraspeln und dem Joghurt gut vermischen. Zitronensaft und Öl untermischen und das Tzatziki mit Salz abschmecken.

• Tzatziki schmeckt sowohl allein mit frischem Brot als auch zusammen mit anderen Vorspeisen, etwa Zucchinipuffer oder gegrillter Paprika mit Schafkäse.

Pro Portion etwa: 410 kJ/100 kcal

Tip

In der Türkei gibt es eine ganz ähnliche Vorspeise. Sie wird mit weniger Gurke, dafür aber mit mehr Joghurt zubereitet.

Möhrenjoghurt
Aus der Türkei • Im Bild

• Die Möhren schälen und auf der Rohkostreibe fein raspeln. Die Knoblauchzehe schälen und durch die Knoblauchpresse drücken.

• Die Butter in einer Pfanne erhitzen. Die Möhren darin unter Rühren bei mittlerer Hitze kurz andünsten. Mit Salz abschmecken und in eine Schüssel geben.

• Den Dill waschen, trockenschwenken und ohne die groben Stiele fein hacken. Mit dem Knoblauch und dem Joghurt zu den Möhren geben und alles gründlich mischen. Mit Salz abschmecken und abkühlen lassen.

Pro Portion etwa: 310 kJ/70 kcal

Zucchinipuffer
Aus Griechenland • Im Bild

• Die Zucchini waschen, abtrocknen, von Stiel- und Blütenansätzen befreien und fein raspeln. Die Raspel in ein Küchentuch geben, das Tuch zusammendrehen und die Flüssigkeit gut ausdrücken. Die Zwiebel schälen und ebenfalls raspeln.

• In einer Pfanne 1 Eßlöffel Öl erhitzen, Zucchini und Zwiebel darin bei starker Hitze braten, bis die Flüssigkeit, die sich dabei bildet, verdampft ist. Das Gemüse in eine Schüssel füllen.

• Den Schafkäse reiben oder fein zerkrümeln. Die Minze oder den Dill waschen, die Blättchen fein hacken. Beides mit Mehl und Eiern zur Zucchinimasse geben und gründlich mischen, salzen und pfeffern. Vorsicht, der Käse ist schon salzig!

• Das übrige Öl erhitzen. Von der Zucchinimasse kleine Häufchen hineinsetzen, bei mittlerer Hitze in etwa 7 Minuten goldbraun braten, dann wenden und in etwa 3 Minuten fertigbraten. Heiß oder kalt servieren.

Pro Portion etwa: 900 kJ/210 kcal

Gefüllte Tomaten
Aus Italien • Klassiker

• Die Tomaten waschen und quer zu den Samenkammern halbieren. Einen Teil des Fruchtfleisches herauslösen und wegwerfen oder für ein anderes Gericht verwenden. Die Tomaten salzen, pfeffern und nebeneinander in eine feuerfeste Form setzen.

• Den Backofen auf 200° vorheizen. Die Petersilie waschen, trockenschwenken und ohne die Stiele fein hacken. Die Knoblauchzehen schälen und durch die Presse drücken. Beides mit Käse und Semmelbröseln mischen. So viel Öl dazugeben, daß eine geschmeidige Masse entsteht.

• Die Kräuter-Käse-Paste mit Pfeffer und Salz (Vorsicht, der Käse ist salzig!) abschmecken und in die Tomaten füllen.

• Die Tomaten im vorgeheizten Ofen (Mitte, Umluft 180°) etwa 30 Minuten backen, bis sie gebräunt sind. Abkühlen lassen.

Pro Portion etwa: 910 kJ/220 kcal

Zutaten für je 4 Personen

Zucchinipuffer
2 Zucchini (etwa 250 g)
1 Zwiebel
4 Eßl. Olivenöl
50 g fester Schafkäse
einige Zweige frische Minze
(ersatzweise Dill)
50 g Weizen- oder
Dinkelmehl
2 Eier
Salz
schwarzer Pfeffer, frisch
gemahlen

Zubereitungszeit:
etwa 45 Minuten

Gefüllte Tomaten
8 kleine, feste Tomaten
(etwa 550 g)
Salz
weißer Pfeffer, frisch
gemahlen
1 Bund Petersilie
1–2 Knoblauchzehen
40 g Parmesan, frisch
gerieben
40 g Semmelbrösel (eventuell aus Vollkornbrot)
6–7 Eßl. Olivenöl

Zubereitungszeit:
etwa 45 Minuten

Marinierte Zucchini

Aus Italien • Etwas aufwendiger

• Zucchini waschen und in etwa 1/2 cm dicke Scheiben schneiden. Die Zitrone heiß waschen, die Schale dünn abschneiden und in Streifen schneiden. Die Zitrone auspressen. Knoblauch schälen, in dünne Scheiben schneiden. Die Petersilie waschen und fein hacken.

• Das Öl nach und nach in einer Pfanne erhitzen. Die Zucchini darin portionsweise braun braten. Herausnehmen, in eine Schale geben und salzen.

• Den Bratfond mit etwa 1 Eßlöffel Zitronensaft, dem Weißwein oder der Brühe und 50 ml Wasser ablöschen. Zitronenschale, Knoblauch, Petersilie und Kapern hinzufügen, salzen und pfeffern.

• Den Fond über die Zucchini gießen und alles mindestens 8 Stunden marinieren. Gelegentlich umrühren.

• Eventuell die Tomate überbrühen, häuten und würfeln. Die Zucchini mit den Tomatenwürfeln bestreut servieren.

Pro Portion etwa: 530 kJ/130 kcal

Marinierte Zwiebeln

Aus Italien • Raffiniert

• Die Zwiebeln schälen und ganz lassen. Den Thymian waschen. Die Blättchen von den Stielen streifen.

• Das Öl in einem Topf erhitzen. Die Zwiebeln darin unter Rühren bei mittlerer Hitze in etwa 10 Minuten rundherum braun anbraten. Sie sollen eine schöne Farbe bekommen, aber nicht anbrennen, sonst schmecken sie bitter.

• Den Wein oder die Brühe, den Essig und 100 ml Wasser angießen. Die Chilischote, den Thymian und die Lorbeerblätter einlegen. Die Zwiebeln salzen und pfeffern, zugedeckt bei mittlerer Hitze in etwa 10 Minuten bißfest garen. Zwischendurch probieren, denn sie sollen nicht zu weich werden.

• Die Zwiebeln mit dem Sud in eine Schüssel füllen und zugedeckt mindestens 8 Stunden bei Zimmertemperatur marinieren. Dazu schmeckt am besten (Vollkorn)Baguette.

Pro Portion etwa: 530 kJ/130 kcal

Zutaten für je 4 Personen

Marinierte Zucchini
600 g junge Zucchini
1/2 unbehandelte Zitrone
2–3 Knoblauchzehen
1 Bund Petersilie
4 Eßl. Olivenöl
Salz
50 ml trockener Weißwein oder Gemüsebrühe
2 Teel. Kapern
weißer Pfeffer, frisch gemahlen
eventuell 1 Tomate

Zubereitungszeit:
etwa 45 Minuten
(+ etwa 8 Stunden Marinierzeit)

Marinierte Zwiebeln
500 g kleine Zwiebeln oder Schalotten
1/2 Bund frischer Thymian
4 Eßl. Olivenöl
100 ml trockener Weißwein oder Gemüsebrühe
1 Eßl. Weißweinessig
1 getrocknete Chilischote
2 Lorbeerblätter
Salz
weißer Pfeffer, frisch gemahlen

Zubereitungszeit:
etwa 35 Minuten
(+ etwa 8 Stunden Marinierzeit)

Orangensalat mit schwarzen Oliven
Aus Italien • Im Bild

- Die Orangen schälen, dabei auch die weiße Haut mit abschneiden. Die Orangen dann in dünne Scheiben schneiden und auf einer Platte oder vier Tellern dekorativ anrichten.

- Die Oliven halbieren, entsteinen und auf den Orangen verteilen. Den Rosmarin waschen, trockentupfen, die Nadeln abzupfen und fein hacken. Ebenfalls über die Orangen streuen. Mit Salz und Pfeffer würzen.

- Den Essig mit dem Öl verschlagen und über die Orangen träufeln. Den Salat möglichst sofort servieren.

Pro Portion etwa: 540 kJ/130 kcal

Varianten:
Statt Oliven schmeckt auch 1 milde weiße Zwiebel, in feine Ringe geschnitten. Anreichern läßt sich der Salat durch etwa 100 g schnittfesten Ricotta, den Sie in kleine Würfel schneiden und darüber streuen.

Gemüsesalat mit Olivencreme
Aus Frankreich • Raffiniert

- Kartoffeln waschen, in einem Topf mit wenig Wasser zugedeckt bei mittlerer Hitze in etwa 20 Minuten weich kochen. Die Kartoffeln ausdampfen lassen, pellen und in etwa 1 cm große Würfel schneiden.

- Inzwischen die Zwiebeln schälen, in kochendem Wasser etwa 4 Minuten blanchieren, bis sie bißfest sind. Kalt abschrecken und gut abtropfen lassen.

- Tomaten waschen, in feine Schnitze schneiden, die Stielansätze entfernen. Petersilie waschen und fein hacken.

- Für die Salatsauce die Oliven entsteinen und mit Kapern, Pinienkernen und Öl im Mixer pürieren. Mit Essig mischen, salzen und pfeffern.

- Kartoffeln, Zwiebeln und Tomaten vorsichtig mit der Olivenpaste und der Petersilie mischen und auf vier Teller verteilen. Eventuell den Salat noch mit ganzen Oliven und Petersilienblättchen garnieren.

Pro Portion etwa: 1100 kJ/260 kcal

Zutaten für je 4 Personen

Orangensalat
4 saftige Orangen
12 schwarze Oliven
1 Zweig frischer Rosmarin
Salz
schwarzer Pfeffer, frisch gemahlen
1 Teel. Weißweinessig
1 Eßl. Olivenöl

Zubereitungszeit:
etwa 15 Minuten

Gemüsesalat
400 g festkochende Kartoffeln
200 g kleine weiße Zwiebeln
400 g feste Tomaten
1/2 Bund Petersilie

Für die Salatsauce:
80 g schwarze Oliven
1 Eßl. Kapern
1 Eßl. Pinienkerne
4 Eßl. Olivenöl
2 Eßl. Weißweinessig
Salz
Pfeffer, frisch gemahlen

Zum Garnieren:
Oliven, Petersilie

Zubereitungszeit:
etwa 50 Minuten

Zutaten für je 4 Personen

Auberginentatar
2 Auberginen (etwa 650 g)
1 Tomate
1 Zwiebel
1–2 Knoblauchzehen
1 frische grüne Pfefferschote
3–4 Eßl. Zitronensaft
2 Eßl. Olivenöl
Salz
1 kräftige Prise
Paprikapulver, rosenscharf

Zubereitungszeit:
etwa 50 Minuten
(davon etwa 35 Minuten
Backzeit)

Bauernsalat
2 Fleischtomaten
1 Salatgurke
1 milde weiße Zwiebel
1 große grüne
Paprikaschote
einige Blätter frische Minze
200 g fester Schafkäse
100 g schwarze Oliven
2 Eßl. Zitronensaft
oder Weißweinessig
Salz
weißer Pfeffer, frisch
gemahlen
4 Eßl. Olivenöl
$1/2$ Teel. getrockneter
Oregano

Zubereitungszeit:
etwa 20 Minuten

Auberginentatar
Aus der Türkei • Raffiniert

• Den Backofen auf 220° vorheizen. Die Auberginen waschen und abtrocknen. Auf einem Backblech im Ofen (Umluft 200°) etwa 35 Minuten backen, bis sie weich sind und sich die Haut dunkel verfärbt hat. Die Auberginen dabei einmal wenden.

• Die Auberginen herausnehmen und etwas abkühlen lassen. Dann der Länge nach halbieren und das Fruchtfleisch mit einem Löffel gründlich herauskratzen, fein hacken und in eine Schüssel geben.

• Die Tomate waschen und vom Stielansatz befreien. Die Zwiebel und den Knoblauch schälen. Die Pfefferschote von Stielansatz und Kernen befreien und waschen. Diese Zutaten ebenfalls so fein wie möglich zerkleinern.

• Die zerkleinerten Zutaten zum Auberginentatar geben. Mit Zitronensaft, Öl, Salz und Paprikapulver abschmecken und bald servieren, da das Tatar sonst zu viel Saft zieht.

Pro Portion etwa: 370 kJ/90 kcal

Bauernsalat
Aus Griechenland • Im Bild

• Die Tomaten waschen, abtrocknen und in schmale Schnitze schneiden, dabei die Stielansätze herausschneiden. Die Gurke gründlich waschen und abtrocknen. Dann der Länge nach halbieren und in etwa $1/2$ cm dicke Scheiben schneiden.

• Die Zwiebel schälen und in feine Ringe schneiden. Die Paprikaschote waschen, vom Stielansatz und den Trennwänden mit den Kernen befreien und in schmale Streifen schneiden. Die Minze waschen, trockentupfen und in Streifen schneiden. Den Schafkäse würfeln.

• Alle diese Zutaten in einer Schüssel mit den Oliven mischen. Den Zitronensaft oder den Essig mit Salz, Pfeffer und dem Öl mischen. Unter den Salat ziehen, eventuell noch einmal abschmecken. Den Salat auf Teller verteilen und mit dem Oregano bestreut servieren.

Pro Portion etwa: 2100 kJ/495 kcal

Zutaten für je 4 Personen

Weiße-Bohnen-Salat
400 g gegarte weiße Bohnen
(aus der Dose)
1 milde weiße Zwiebel
1 Knoblauchzehe
1 Tomate
1 Bund Basilikum
1–2 Teel. Kapern
2 Eßl. Weißweinessig
Salz
weißer Pfeffer, frisch
gemahlen
3 Eßl. Olivenöl

Zubereitungszeit:
etwa 20 Minuten

Kartoffelcreme
300 g mehligkochende
Kartoffeln
2 Knoblauchzehen
einige Blätter frische Minze
(ersatzweise Petersilie oder
Dill)
2–3 Eßl. Zitronensaft
3 Eßl. Olivenöl
Salz
weißer Pfeffer, frisch
gemahlen

Zum Garnieren:
schwarze Oliven

Zubereitungszeit:
etwa 45 Minuten

Weiße-Bohnen-Salat

Aus Italien • Im Bild

• Die Bohnen abtropfen lassen. Zwiebel und Knoblauch schälen. Die Zwiebel in feine Ringe schneiden, den Knoblauch hacken. Die Tomate waschen und klein würfeln, den Stielansatz entfernen. Das Basilikum waschen, die Blättchen abzupfen und fein hacken.

• Diese Zutaten in einer Schüssel mit den Kapern mischen. Den Essig mit Salz und Pfeffer verrühren. Das Öl nach und nach unterschlagen. Die Sauce unter die Bohnenmasse mischen und nochmals salzen und pfeffern.

Pro Portion etwa: 1100 kJ/260 kcal

Variante aus Griechenland:
Tomaten, Frühlingszwiebeln, Petersilie und Minze hacken, mit den Bohnen mischen und mit Essig und Olivenöl anmachen.

Variante aus der Türkei:
Tomaten, Zwiebeln, grüne Pfefferschoten und Petersilie hacken. Mit den Bohnen, Essig, Öl und etwas Sesampaste (Tahin) mischen.

Kartoffelcreme mit Knoblauch

Aus Griechenland • Gelingt leicht

• Die Kartoffeln waschen und ungeschält in einem Topf mit wenig Wasser zugedeckt bei mittlerer Hitze in 20–30 Minuten weich kochen.

• Das Wasser abgießen und die Kartoffeln etwas ausdampfen lassen, schälen und mit einer Gabel oder dem Kartoffelstampfer fein zerdrücken.

• Den Knoblauch schälen und durch die Presse dazudrücken. Die Minze waschen, trockentupfen und fein hacken. Mit etwa 6 Eßlöffeln heißem Wasser, dem Zitronensaft und dem Öl zur Kartoffelmasse geben und alles gründlich vermischen. Es soll eine geschmeidige Creme entstehen.

• Die Kartoffelcreme mit Salz, Pfeffer und eventuell noch etwas Zitronensaft abschmecken und mit Oliven garniert servieren.

Pro Portion etwa: 550 kJ/130 kcal

Bulgursalat

Aus der Türkei • Im Bild

• Den Bulgur in einer Schüssel mit etwa $3/8$ l kaltem Wasser mischen und etwa 1 Stunde quellen lassen, bis er weich ist. Dabei gelegentlich umrühren, damit er gleichmäßig weich wird. Die Quellzeit hängt auch davon ab, wie »frisch« der Bulgur ist.

• Die Tomaten heiß überbrühen und häuten. Dann sehr fein hacken, von den Stielansätzen befreien. Die Frühlingszwiebeln waschen, putzen und auch sehr fein hacken. Die Pfefferschote entkernen, waschen und so fein wie möglich zerkleinern. Die Kräuter waschen, trockenschwenken und ebenfalls sehr fein hacken.

• Diese Zutaten mit dem Bulgur, Zitronensaft und Öl mischen und mit Salz, Pfeffer und dem Kümmel abschmecken.

Bei 6 Personen pro Portion etwa:
810 kJ/190 kcal

Tip

Bulgur ist gekochter, gedarrter und geschroteter Weizen. Sie können ihn in türkischen und griechischen Geschäften, aber auch im Naturkostladen kaufen.

Kichererbsencreme

Aus der Türkei • Schnell

• Die Kichererbsen abtropfen lassen und in den Mixer geben. Den Knoblauch schälen, mit dem Zitronensaft, den Kreuzkümmelsamen und etwa 50 ml Wasser dazugeben. Alles fein mixen.

• Das Kichererbsenpüree mit der Sesampaste mischen und mit Salz und Paprikapulver abschmecken. Die Petersilie waschen, trockenschwenken, ohne die groben Stiele fein hacken. Die Kichererbsencreme in eine Schüssel füllen, mit der Petersilie und Paprika bestreut servieren. Schmeckt zu Brot und Gemüse.

Bei 6 Personen pro Portion etwa:
620 kJ/150 kcal

Tips

• Sesampaste kaufen Sie am besten im Naturkostladen, denn da bekommen Sie sicher gute Qualität.
• Wer möchte, kann die Kichererbsen natürlich auch selbst garen. Die Hülsenfrüchte (etwa 100 g) dafür über Nacht in kaltem Wasser einweichen, dann in frischem Wasser ohne Salz in etwa 1 Stunde weich garen.

Zutaten für je 4–6 Personen

Bulgursalat
250 g Bulgur
4 Tomaten
1 Bund Frühlingszwiebeln
1 frische grüne Pfefferschote
je 1/2 Bund Petersilie und Minze
2 Eßl. Zitronensaft
3 Eßl. Olivenöl
weißer Pfeffer, frisch gemahlen
1/2 Teel. gemahlener Kümmel

Zubereitungszeit:
etwa 30 Minuten
(+ etwa 1 Stunde Quellezeit)

Kichererbsencreme
1 Dose gegarte Kichererbsen (240 g Abtropfgewicht)
2 Knoblauchzehen
Saft von 1/2 Zitrone
1 Teel. Kreuzkümmelsamen
2 Eßl. Sesampaste (Tahin)
Salz
1 Teel. Paprikapulver, rosenscharf
1 Bund Petersilie

Zum Garnieren:
Paprikapulver

Zubereitungszeit:
etwa 10 Minuten

EIN TOPF
EIN DECKEL

Suppen und Eintöpfe

Ein paar aromatische Gemüse oder Hülsenfrüchte und Brühe, gewürzt mit Knoblauch und Kräutern, fertig ist eine tolle Suppe, wie sie in allen Mittelmeerländern zu finden ist – mal mit mehr, mal mit weniger Zutaten. Ob Sie eine erfrischend-kühle Sommersuppe oder eher etwas Wärmendes suchen, für jeden Geschmack bietet die kleine Auswahl in diesem Kapitel das Passende. Ergänzt wird das Angebot durch zwei Gemüseeintöpfe, die durch ihre Frische und abwechslungsreiche Gemüsekombinationen überzeugen.

Die kalte Gemüsesuppe und die Kürbiscremesuppe sind würzige Vorspeisen, die übrigen sättigende Hauptgerichte. Wenn Sie danach eine Nachspeise oder auch eine Käseauswahl anbieten, sind Sie und Ihre Gäste sicher satt und zufrieden.

Brühwarme Grundlagen

Alle Suppen werden mit Wasser oder Gemüsebrühe zubereitet, die Sie nach dem nebenstehenden Rezept (ganz rechts) selbst zubereiten oder durch Gemüsefond aus dem Glas ersetzen können. Vom Fond brauchen Sie dann nur etwa drei Viertel der angegebenen Menge. Füllen Sie einfach mit Wasser auf, denn Gemüsefond ist sehr konzentriert.

Gemüsebrühe aus Würfeln oder Granulat ist stark gewürzt und weniger geeignet, da die Gewürze oft nicht gut zu den Gerichten passen.

Wer nicht rein vegetarisch ißt, kann einige der Suppen auch mit Fleisch- oder Geflügelbrühe (gibt es auch als Fond im Glas) zubereiten.

Was paßt in die Suppe?

• Kichererbsen gibt es getrocknet oder bereits gegart in Dosen zu kaufen. Getrocknete müssen über Nacht eingeweicht und mindestens 1 Stunde gegart werden, Kichererbsen in Dosen bekommen Sie in gut sortierten Supermärkten, in italienischen oder türkischen Feinkostgeschäften.

• Rote Linsen sind geschält und haben deshalb eine relativ kurze Garzeit. Die aromatischen Hülsenfrüchte müssen auch nicht eingeweicht werden. Kaufen können Sie sie im Naturkostladen, Reformhaus und in gut sortierten Supermärkten.

• Kleine Artischocken, die man ganz essen kann, kommen meist aus Italien. Die dicken, fleischigen Früchte aus Frankreich eignen sich für den Gemüseeintopf nicht. Von den kleinen Artischocken immer die äußeren Blätter entfernen und alle anderen mit einer Schere so weit kappen, daß keine harten, zähen Blatteile mehr daran sind. Probieren können Sie das auch im rohen Zustand mit den Zähnen. Was sich beißen läßt, ist in Ordnung.

• Dicke Bohnen (auch Saubohnen oder Puffbohnen genannt) sind in Norddeutschland eher frisch zu finden als im Süden des Landes. Sie gehören trotz ihres Namens nicht zu den Bohnen, sondern zur Familie der Wicken. Die Bohnen im Inneren der langen und dicken Schoten können weißlich, grün, braun, rot oder sogar fast schwarz sein. Als Gemüse frisch verzehrt werden allerdings vor allem die grünen Bohnenkerne. Dicke Bohnen sollte man nie roh essen, da manche Menschen allergisch darauf reagieren. Dicke Bohnen sind von Juni bis September frisch auf dem Markt (vor allem auf kleineren regionalen Märkten), außerdem tiefgefroren in 300-g-Packungen zu bekommen.

Gemüsebrühe – Grundlage einer guten Suppe

Eine feine Suppe kommt nicht ohne eine gute Brühe aus. Dazu 1½ kg gemischtes Gemüse (Tomaten, Fenchel, Staudensellerie, Lauch, Petersilienwurzeln und Möhren) putzen, waschen, fein zerkleinern und mit Petersilie, Thymian und frischen Lorbeerblättern in 1½ l Wasser mit weißen Pfefferkörnern, einigen Wacholderbeeren und Gewürznelken sowie Salz etwa 30 Minuten köcheln. Durch ein Sieb gießen, gleich verwenden oder portionsweise einfrieren.

Zutaten für je 4–6 Personen

Kalte Gemüsesuppe
4 Scheiben Toastbrot
1 milde weiße Zwiebel
3 Knoblauchzehen
4 Eßl. Olivenöl
500 g vollreife Tomaten
1 mittelgroße Salatgurke
je 1 kleine rote und
hellgrüne Paprikaschote
1 Bund Petersilie
2 Eßl. Sherry- oder
milder Weißweinessig
Salz
weißer Pfeffer, frisch
gemahlen
Cayennepfeffer
50 g schwarze entsteinte
Oliven

Zubereitungszeit:
etwa 25 Minuten
(+ etwa 1 Stunde Kühlzeit)

Knoblauchsuppe
200 g Weißbrot ohne Rinde
$1/8$ l Milch
8 Knoblauchzehen
1 frische rote Pfefferschote
4 Eßl. Olivenöl
Salz
2 Eier
1 kleines Bund Petersilie

Zubereitungszeit:
etwa 1 Stunde

Kalte Gemüsesuppe mit Croûtons

Aus Spanien · Im Bild

• 2 Scheiben Toastbrot in Wasser kurz einweichen. Zwiebel und Knoblauch schälen, grob zerkleinern.

• Das Brot ausdrücken, mit der Zwiebel, Knoblauch und Öl im Mixer pürieren.

• Die Tomaten häuten und grob würfeln. Die Gurke schälen, längs halbieren, grob zerkleinern. Die Paprikaschoten waschen, entkernen und grob zerkleinern. Petersilie waschen und grob hacken.

• Jeweils etwa 1 Eßlöffel Gurken und Paprika sehr fein würfeln. Das übrige Gemüse im Mixer fein zerkleinern. Mit etwa $1/8$ l Wasser verdünnen und mit dem Brotpüree mischen. Mit Essig, Salz, Pfeffer und Cayennepfeffer abschmecken. 1 Eßlöffel Öl untermischen.

• Übriges Toastbrot würfeln, im restlichen Öl goldbraun rösten. Abkühlen lassen. Oliven würfeln, mit dem Gemüse und den Croûtons zur Suppe servieren.

Bei 6 Personen pro Portion etwa:
660 kJ/160 kcal

Knoblauchsuppe

Aus Spanien · Gelingt leicht

• Das Brot in der Milch einweichen, dann ausdrücken und fein zerpflücken. Die Knoblauchzehen schälen und fein hacken. Die Pfefferschote entkernen und waschen, dann fein hacken.

• Das Öl in einem Suppentopf erhitzen. Den Knoblauch und die Pfefferschote darin unter Rühren anbraten. Die Brotkrumen dazugeben und ebenfalls etwas anrösten.

• 1 l Wasser angießen. Die Suppe salzen und zugedeckt bei mittlerer Hitze etwa 20 Minuten köcheln lassen.

• Die Suppe im Topf mit dem Pürierstab sämig pürieren. Die Eier leicht verquirlen. Die Petersilie waschen und fein hacken.

• Den Topf vom Herd ziehen. Die Eier unter Rühren dazugeben und die Suppe eventuell nochmals kurz erhitzen, aber keinesfalls kochen lassen. Mit der Petersilie bestreuen und servieren.

Bei 6 Personen pro Portion etwa:
780 kJ/190 kcal

Gemüsesuppe mit Basilikumpaste

Aus Frankreich • Für Gäste

• Den Knoblauch schälen und durch die Presse in ein Schälchen drücken. Das Basilikum waschen und trockenschwenken. Die Blättchen abzupfen und fein hacken. Das Basilikum mit dem Knoblauch und dem Öl im Mörser zu einer feinen Paste zerstoßen oder mit dem Pürierstab oder im Mixer fein zerkleinern. Die Basilikumpaste mit Salz und Pfeffer abschmecken.

• Den Kürbis von der Schale und allen Kernen in der Mitte befreien und in kleine Würfel schneiden.

• Die Bohnen waschen, putzen, gegebenenfalls von den Fäden befreien und in etwa 2 cm lange Stücke schneiden.

• Die Tomaten mit kochendem Wasser überbrühen, kurz darin ziehen lassen, kalt abschrecken und häuten. Die Tomaten in kleine Würfel schneiden, dabei die Stielansätze entfernen.

• Die Möhren und die Kartoffeln schälen und in kleine Würfel schneiden.

• Die Frühlingszwiebeln waschen, putzen und mit dem hellen Grün in feine Ringe teilen.

• Alle zerkleinerten Gemüse und die Erbsen mit 1½ l Wasser in einen großen Topf geben und zum Kochen bringen. Das Gemüse mit Salz und Pfeffer würzen. Die Thymianzweige und die Lorbeerblätter einlegen. Das Gemüse zugedeckt bei mittlerer Hitze etwa 25 Minuten garen, bis es bißfest ist. Dabei gelegentlich umrühren und bei Bedarf noch etwas Wasser angießen.

• Dann die Nudeln in Stücke brechen und in etwa 10 Minuten in der Suppe bißfest garen. Den Thymian und den Lorbeer aus der Suppe fischen.

• Die Suppe in vorgewärmte Teller verteilen. Mit je etwas Basilikumpaste und geriebenem Käse garnieren und sofort servieren. Dazu frisches (Vollkorn-)Baguette servieren.

Bei 6 Personen pro Portion etwa: 1100 kJ/260 kcal

Zutaten für 4–6 Personen

4 Knoblauchzehen
2 Bund Basilikum
4–5 Eßl. Olivenöl
Salz
weißer Pfeffer, frisch gemahlen
1 Stück frischer Kürbis (etwa 700 g)
500 g grüne Bohnen
200 g Tomaten
4 Möhren
2 festkochende Kartoffeln
1 Bund Frühlingszwiebeln
100 g gepalte Erbsen (frisch oder tiefgefroren)
2–3 Zweige frischer Thymian
2 frische Lorbeerblätter (ersatzweise getrocknete)
100 g Makkaroni
50 g Pecorino, frisch gerieben

Zubereitungszeit:
etwa 1¼ Stunden

Zutaten für je 4 Personen

Kichererbsensuppe
250 g Kichererbsen
2 Zwiebeln
2 Knoblauchzehen
1 großes Bund Suppengrün
4 Eßl. Olivenöl
1¼ l Gemüsebrühe
250 g Wurzelspinat
1 Bund Petersilie
Salz
weißer Pfeffer, frisch
gemahlen
3–4 Eßl. Zitronensaft

Zubereitungszeit:
etwa 1½ Stunden
(+ etwa 12 Stunden
Quellzeit)

Brotsuppe
250 g Weiß- oder Bauernbrot
300 g Mozzarella
1 großes Bund Petersilie
1 frische rote Pfefferschote
2 Knoblauchzehen
Salz
weißer Pfeffer, frisch
gemahlen
1 l kräftige Gemüsebrühe

Zubereitungszeit:
etwa 40 Minuten

Kichererbsensuppe mit Spinat

Aus Griechenland • Preiswert

• Die Kichererbsen in einer Schüssel mit Wasser über Nacht quellen lassen.

• Am nächsten Tag Zwiebeln und Knoblauch schälen und hacken. Das Suppengrün schälen und würfeln. Das Öl in einem Topf erhitzen. Zwiebeln, Knoblauch und Suppengrün darin glasig dünsten. Die Kichererbsen abtropfen lassen und hinzufügen.

• Die Gemüsebrühe angießen und zum Kochen bringen. Die Kichererbsen zugedeckt bei mittlerer Hitze in etwa 1 Stunde gar kochen.

• Den Spinat verlesen, mehrmals gut waschen, von dicken Stielen befreien. Die Petersilie waschen, die Blättchen fein hacken.

• Den Spinat zu den Kichererbsen geben und in etwa 2 Minuten in der Suppe zusammenfallen lassen. Mit Salz, Pfeffer und dem Zitronensaft abschmecken und mit der Petersilie bestreuen und servieren.

Pro Portion etwa: 1300 kJ/310 kcal

Brotsuppe mit Mozzarella

Aus Sardinien • Im Bild

• Den Backofen auf 200° vorheizen. Das Brot in dünne Scheiben schneiden. Den Käse abtropfen lassen und ebenfalls in dünne Scheiben teilen. Die Petersilie waschen und fein hacken. Die Pfefferschote von Stielansatz und Kernen befreien und kalt waschen. Dann ebenfalls fein hacken. Den Knoblauch schälen und fein zerkleinern.

• Eine große feuerfeste (Terrinen-) Form lagenweise mit Brot und Käse füllen. Dabei jeweils etwas Petersilie, Pfefferschote und Knoblauch zwischen die Schichten streuen und den Käse salzen und pfeffern.

• Die Gemüsebrühe erhitzen. Über die Zutaten in der Form gießen. Die Suppe in den heißen Ofen (Mitte, Umluft 180°) schieben und etwa 20 Minuten backen, bis die Oberfläche etwas gebräunt ist.

Pro Portion etwa: 1500 kJ/360 kcal

Rote Linsensuppe

Aus der Türkei • Im Bild

• Zwiebel und Möhren schälen und fein würfeln.

• 1 Eßlöffel Butter in einem Suppentopf erhitzen. Das Gemüse darin unter Rühren andünsten. Die Linsen kurz mitbraten.

• Die Brühe angießen und zum Kochen bringen. Die Suppe salzen und pfeffern und zugedeckt bei mittlerer Hitze etwa 20 Minuten garen, bis die Linsen weich sind.

• Die Suppe mit dem Pürierstab im Topf pürieren. Zitronensaft und Joghurt unterrühren. Die Suppe nochmals abschmecken.

• Das Brot in Würfel schneiden und in 1 Eßlöffel Butter goldbraun braten. Die übrige Butter mit dem Paprikapulver in einem Pfännchen zerlassen.

• Jede Portion Suppe mit einigen Brotwürfeln und etwas Paprikabutter garnieren und servieren.

Bei 6 Personen pro Portion etwa:
1100 kJ/260 kcal

Kürbiscremesuppe

Aus Frankreich • Würzig

• Den Kürbis schälen, von den Kernen und dem faserigen Fleisch im Inneren befreien und in kleine Stücke schneiden. Den Lauch putzen, gründlich waschen und mit dem hellen Grün in feine Ringe schneiden. Die Kartoffeln schälen, waschen und klein würfeln.

• Das Öl in einem Topf erhitzen. Den Kürbis, den Lauch und die Kartoffeln darin unter Rühren bei mittlerer Hitze kurz andünsten.

• Die Gemüsebrühe angießen und zum Kochen bringen. Die Suppe zugedeckt bei mittlerer Hitze etwa 15 Minuten kochen lassen, bis die Kartoffeln weich sind.

• Die Zutaten im Topf mit dem Pürierstab fein zerkleinern. Die Suppe mit Salz, Pfeffer, Cayennepfeffer und dem Zitronensaft pikant abschmecken. Die Crème fraîche unterrühren. Die Suppe in vorgewärmten Tellern servieren.

Bei 6 Personen pro Portion etwa:
580 kJ/140 kcal

Zutaten für je 4–6 Personen

Rote Linsensuppe
1 große Zwiebel
2 Möhren
60 g Butter
200 g rote Linsen
1 1/8 l Gemüsebrühe
Salz
weißer Pfeffer, frisch gemahlen
1 Eßl. Zitronensaft
200 g Schafmilchjoghurt
2 Scheiben Toastbrot
2–3 Teel. Paprikapulver, rosenscharf

Zubereitungszeit:
etwa 40 Minuten

Kürbiscremesuppe
1 Stück Kürbis (etwa 750 g)
1 dicke Stange Lauch
2 mehligkochende Kartoffeln (100–150 g)
2 Eßl. Olivenöl
1 l Gemüsebrühe
Salz
weißer Pfeffer, frisch gemahlen
Cayennepfeffer
1 Eßl. Zitronensaft
100 g Crème fraîche

Zubereitungszeit:
etwa 40 Minuten

Zutaten für 4 Personen

10 kleine Artischocken
5–6 Eßl. Zitronensaft
350 g festkochende Kartoffeln
2 Fenchelknollen
1 Bund Frühlingszwiebeln
3 Eßl. Olivenöl
1 Teel. Fenchelsamen
Salz
schwarzer Pfeffer, frisch gemahlen
300 g dicke Bohnen, tiefgekühlt
1/4 l trockener Weißwein
2 Eigelb
4 Eßl. Sahne

Zubereitungszeit: etwa 1 1/4 Stunden

Gemüsetopf mit Artischocken
Aus Griechenland • Exklusiv

• Die Artischocken von den äußeren harten Blättern befreien. Die übrigen Blätter zur Hälfte abschneiden. Die Artischocken längs vierteln. Falls sie in der Mitte »Heu« haben, dieses entfernen. Die Artischocken mit 3–4 Eßlöffel Zitronensaft mischen.

• Die Kartoffeln schälen und in etwa 2 cm große Stücke schneiden. Die Fenchelknollen waschen, putzen und längs in schmale Stücke schneiden. Das zarte Grün beiseite legen. Die Frühlingszwiebeln putzen, waschen und in etwa 1 cm lange Stücke schneiden.

• Das Öl in einem großen Topf erhitzen. Die Artischocken darin bei mittlerer Hitze unter Rühren etwa 5 Minuten braten. Die Kartoffeln und die Frühlingszwiebeln mit den Fenchelsamen hinzufügen und kurz anbraten. Etwa 300 ml Wasser angießen. Das Gemüse mit Salz und Pfeffer würzen, zugedeckt etwa 10 Minuten garen.

• Den Fenchel und die dicken Bohnen mit dem Wein dazugeben. Nochmals etwa 15 Minuten garen, bis Artischocken und Bohnen weich sind.

• Inzwischen das Fenchelgrün hacken. Den übrigen Zitronensaft mit den Eigelben und der Sahne verquirlen.

• Den Eintopf eventuell mit Salz und Pfeffer abschmecken, vom Herd ziehen und mit der Eigelbmischung binden. Mit dem Fenchelgrün bestreuen und servieren.

Pro Portion etwa: 2100 kJ/500 kcal

Variante aus der Türkei:
Gemüsetopf mit Joghurt
2 Zucchini und 1 Aubergine würfeln, 4 hellgrüne Paprikaschoten vierteln. 250 g gehäutete Tomaten würfeln. Die Zucchini in 3 Eßlöffeln Öl anbraten. Die Aubergine mit weiteren 2–3 Eßlöffeln Öl mitbraten. 1 gehackte Zwiebel und die Paprikaviertel untermischen. Tomaten, 1 Eßlöffel Tomatenmark und 100 ml Wasser dazugeben. Salzen, pfeffern und bißfest garen. 2–3 gepreßte Knoblauchzehen mit 400 g Joghurt mischen, mit Salz, Pfeffer und Zitronensaft abschmecken. Die Hälfte unter das Gemüse mischen. Den Rest extra dazu reichen.

Nudeln, Kartoffeln, Reis

Einfache Grundnahrungsmittel kombiniert mit raffinierten Zutaten – das ist Mittelmeerküche in Reinkultur. Ob Sie Nudeln selbst zubereiten oder fertig gekaufte mit würzigen Saucen kombinieren, saftigen Risotto kochen, Pizza backen oder einfach Pellkartoffeln mit einer würzigen Sauce servieren – wichtig bei den Gerichten in diesem Kapitel ist in erster Linie die Qualität der Zutaten.

Die tolle Knolle

Kartoffeln unterscheiden sich vor allem durch ihre Kocheigenschaften. Es gibt festkochende, vorwiegend festkochende und mehligkochende Kartoffelsorten. Halten Sie sich möglichst immer an die Angaben beim Rezept, denn Gnocchi gelingen nur gut aus mehligkochenden Sorten, die besonders viel Stärke enthalten. Festkochende Kartoffeln eignen sich als Pell- und Bratkartoffeln und für Salate. Damit die Gerichte wirklich ein Genuß werden, sollten Sie sich von Ihrem Gemüsehändler beraten lassen. Aufbewahrt werden Kartoffeln in einem kühlen, dunklen Raum, sonst treiben sie aus und bekommen grüne Stellen. Diese müssen Sie übrigens immer wegschneiden, denn sie enthalten das giftige Solanin.

Das runde Korn

Risottoreis – ob Vialone, Arborio oder eine andere Sorte – ist Rundkornreis. Die Körner werden vor dem Garen nicht gewaschen, denn der fertige Risotto soll schön sämig sein und dafür ist die Stärke wichtig. Deshalb wird das Gericht auch während der Garzeit immer wieder durchgerührt und die Flüssigkeit nach und nach zugegeben. Kaufen können Sie Risottoreis in den Lebensmittelabteilungen großer Kaufhäuser, im italienischen Feinkostgeschäft oder auch im Naturkostladen, wenn Sie Naturreis bevorzugen. In diesem Fall verlängert sich die Garzeit um etwa 20 Minuten, und auch die Menge der Flüssigkeit kann sich erhöhen.

Als Beilage zu vielen Gemüsegerichten eignet sich dagegen körnig gekochter Langkornreis.

Die feine Pasta

Nudeln – vor allem aus Italien – werden inzwischen auch im Supermarkt in guter Qualität angeboten. Probieren Sie am besten einige Sorten, bis Sie Ihre Lieblingsmarke entdeckt haben. Beim Kochen der Nudeln sollten Sie vor allem darauf achten, daß sie nicht zu weich werden. Zwar finden sich dazu meist auf der Packung Hinweise, Sie sollten aber trotzdem kurz vor Ablauf der Garzeit schon einmal eine Nudel herausfischen und probieren. Italienische Nudeln schmecken vielen besonders gut, denn sie sind aus Hartweizen und ohne Ei zubereitet. Das gilt ebenso für Vollkornnudeln. Auch hier gilt: Probieren, bis die Lieblingssorte feststeht!
Kochen Sie Nudeln immer in ausreichend Wasser, etwa 1 l pro 100 g Nudeln! Und: Nudeln nicht kalt abschrecken, sondern nach dem Abtropfen gleich mit der Sauce mischen, dann kleben sie auch nicht zusammen, bleiben aber schön heiß.

Käse – der ideale Partner

Zu Nudeln, aber auch zu Reis schmeckt frisch geriebener Parmesan einfach köstlich.

• Parmigiano Reggiano wird von April bis November hergestellt und muß mindestens 18 Monate reifen. Je älter er ist, desto würziger wird er auch.

• Der etwas jüngere Grana Padano wird das ganze Jahr über produziert und muß nur 12 Monate reifen. Er ist weicher und schmilzt schneller auf der heißen Pasta.

• Parmesan können Sie im Gemüsefach des Kühlschranks im Käsepapier, in das er beim Einkauf gewickelt wird, oder in einer Folie (ein paar kleine Löcher hineinschneiden, damit der Käse nicht schwitzt) einige Wochen aufbewahren. Statt Parmesan schmeckt auch älterer Pecorino (aus einem guten Käsegeschäft) zu Nudeln wie auch Risotto. Er ist noch etwas würziger.
Übrigens: Kaufen Sie Parmesan nicht fertig gerieben, er schmeckt frisch gerieben einfach besser. Im Handel gibt es zahlreiche Käsereiben, mit denen Sie Parmesan im Nu frisch gerieben haben.

Nudelmaschine – nicht nur für Profis

Wer gerne und häufig Nudeln oder Ravioli selbst machen möchte, sollte sich eine Nudelmaschine anschaffen. Modelle mit Handkurbel sind preiswert und erleichtern die Arbeit ganz wesentlich. Die Maschinen haben eine glatte Walze für Teigplatten, die man unterschiedlich dick formen kann, je nachdem, wie weit die Walzenöffnung eingestellt ist. Außerdem gibt es immer einen Aufsatz zusätzlich, mit dem man Spaghetti oder Tagliatelle formen kann.

Tagliatelle mit Pesto
Aus Italien • Klassiker

• Für den Nudelteig das Mehl und den Grieß mit einer kräftigen Prise Salz mischen. Die Eier und das Öl hinzufügen und alles zu einem glatten, geschmeidigen Teig verkneten. Sollte er zu fest sein, tropfenweise lauwarmes Wasser untermischen. Bei Vollkornmehl bitte den Hinweis auf Seite 5 beachten.

• Den Teig zu einer Kugel formen, in Pergamentpapier wickeln und bei Zimmertemperatur etwa 1 Stunde ruhen lassen.

• Den Teig nochmals durchkneten und in Portionen teilen. Die Teigportionen, die gerade nicht in Arbeit sind, in ein feuchtes Küchentuch wickeln. Portionsweise den Teig mit der Nudelmaschine zuerst bei einer weiten Walzenöffnung zu einer glatten Platte formen, dann nach und nach die Walze immer enger stellen und den Teig durchdrehen, bis er schön dünn ist. Den Teig dann durch die Tagliatellewalze rollen. Wer keine Nudelmaschine hat, muß den Teig auf wenig Mehl so dünn wie möglich ausrollen und mit einem langen Messer in breite Nudeln teilen.

• Die fertigen Nudeln auf bemehlten Küchentüchern ausbreiten und mindestens 1 Stunde antrocknen lassen. Dabei einmal wenden.

• Für den Pesto Basilikum und den Rucola waschen, trockenschwenken und grob zerkleinern. Knoblauch schälen und fein hacken.

• Die Kräuter mit Knoblauch, Pinienkernen und Walnußkernen im Mörser fein zerstoßen oder im Mixer fein pürieren. Käse und Öl untermischen, mit Salz und Pfeffer abschmecken.

• Reichlich Wasser mit einer kräftigen Prise Salz zum Kochen bringen. Die Nudeln darin in etwa 3 Minuten bißfest garen.

• Den Pesto in einer vorgewärmten Schüssel mit 1–2 Eßlöffeln heißem Nudelkochwasser geschmeidig rühren. Die Nudeln abgießen, mit dem Pesto in der Schüssel mischen und sofort servieren.

Bei 6 Personen pro Portion etwa: 2465 kJ / 585 kcal

Zutaten für 4–6 Personen

Für die Nudeln:
200 g Weizen- oder Dinkelmehl
200 g Hartweizengrieß
Salz
4 Eier
1 Eßl. Olivenöl

Für den Pesto:
2 Bund Basilikum
1 Bund Rucola
2 Knoblauchzehen
50 g Pinienkerne
50 g Walnußkerne
50 g Pecorino, frisch gerieben
100 ml Olivenöl
Salz
weißer Pfeffer, frisch gemahlen

Zubereitungszeit:
etwa 1 1/4 Stunden
(+ etwa 2 Stunden Ruhezeit)

Zutaten für je 4 Personen

Spaghetti mit Rucola
2 Knoblauchzehen
2 Bund Rucola (etwa 200 g)
1 frische rote Pfefferschote
400 g Spaghetti
Salz
150 g weicher Ricotta
4 Eßl. Olivenöl
weißer Pfeffer, frisch gemahlen

Zubereitungszeit:
etwa 25 Minuten

Vermicelli
1 Aubergine
600 g Tomaten
1 gelbe Paprikaschote
2 Knoblauchzehen
50 g schwarze Oliven
1 Bund Basilikum
4–5 Eßl. Olivenöl
2–3 Teel. Kapern
eventuell 1 kleine getrocknete Chilischote
Salz
weißer Pfeffer, frisch gemahlen
400 g Vermicelli

Zubereitungszeit:
etwa 40 Minuten

Spaghetti mit Rucola
Aus Italien • Würzig

• Den Knoblauch schälen und fein hacken. Den Rucola waschen, trockentupfen und ebenfalls fein hacken. Die Pfefferschote von Stielansatz und Kernen befreien und unter fließendem kaltem Wasser abspülen. Dann in feine Streifen schneiden.

• Die Nudeln in reichlich kochendem Salzwasser in etwa 8 Minuten bißfest garen. Den Ricotta in kleine Stücke schneiden.

• Inzwischen das Öl in einem Topf erhitzen. Den Knoblauch und die Pfefferschote darin unter Rühren glasig dünsten. Den Rucola hinzufügen und etwa 5 Minuten unter Rühren garen. Mit Salz und Pfeffer abschmecken, den Ricotta darauf verteilen und alles zugedeckt auf der abgeschalteten Herdplatte warm halten.

• Die Spaghetti abgießen und mit der Rucolasauce mischen. Heiß servieren.

Pro Portion etwa: 2100 kJ/500 kcal

Vermicelli mit Gemüse
Aus Sizilien • Im Bild

• Die Aubergine waschen und klein würfeln. Die Tomaten überbrühen, abschrecken und häuten. Dann in kleine Würfel schneiden. Die Paprikaschote waschen, putzen und in Streifen schneiden. Knoblauch schälen und fein hacken. Oliven halbieren und entsteinen. Basilikum waschen, die Blättchen abzupfen.

• Das Öl in einem Topf erhitzen. Die Aubergine darin rundherum kräftig bräunen. Die Paprikaschote und den Knoblauch kurz mitbraten. Dann Tomaten, Oliven, Basilikum, Kapern und nach Wunsch die Chilischote hinzufügen, salzen und pfeffern. Zugedeckt bei mittlerer Hitze etwa 10 Minuten dünsten.

• Inzwischen die Vermicelli in reichlich sprudelnd kochendem Salzwasser in etwa 8 Minuten bißfest garen.

• Die Nudeln abtropfen lassen, mit der Sauce mischen und sofort servieren.

Pro Portion etwa: 2200 kJ/520 kcal

Lasagne mit Spinat und Ricotta

Aus Italien • Klassiker auf neue Art

- Den Spinat verlesen, mehrmals gründlich in stehendem kaltem Wasser waschen, von dicken Stielen befreien. In einem großen Topf reichlich Salzwasser zum Kochen bringen. Spinat darin etwa 2 Minuten blanchieren, kalt abschrecken, abtropfen lassen und grob hacken.

- Knoblauch und Zwiebel schälen und fein würfeln. 1 Eßlöffel Öl in einer Pfanne erhitzen. Knoblauch und Zwiebel darin glasig dünsten. Den Spinat hinzufügen und alles unter Rühren weitergaren, bis die Flüssigkeit verdampft ist, salzen und pfeffern.

- Das Suppengrün putzen, waschen und fein zerkleinern. Das übrige Öl in einem Topf erhitzen. Das Gemüse dazugeben und anbraten. Die Tomaten unterrühren. Das Ragout salzen, pfeffern und nach Wunsch mit der zerkrümelten Chilischote würzen. Offen bei mittlerer Hitze etwa 20 Minuten garen.

- Die Kräuter waschen, ohne die Stiele fein zerkleinern und unter die Tomatensauce mischen.

- Den Ricotta mit einer Gabel zerdrücken, mit den Eiern und der Hälfte des Parmesans gründlich verrühren, salzen und pfeffern.

- Die Lasagneblätter in reichlich sprudelnd kochendem Salzwasser in etwa 8 Minuten nicht ganz weich garen, zwischendurch probieren. Kalt abschrecken und nebeneinander auf der Arbeitsfläche ausbreiten. Den Mozzarella abtropfen lassen und in Scheiben schneiden.

- Den Backofen auf 200° vorheizen. Eine große Auflaufform lagenweise füllen: eine Schicht Nudelblätter, etwas Ricottacreme, Spinat, Mozzarellascheiben, Lasagneblätter, Tomatensauce, Spinat, Mozzarella. Die letzte Schicht soll aus Nudelblättern bestehen. Mit dem übrigen Parmesan bestreuen und mit Butterflöckchen belegen.

- Die Lasagne im heißen Ofen (Mitte, Umluft 180°) etwa 40 Minuten backen, bis sie schön gebräunt ist.

Pro Portion etwa: 2500 kJ/600 kcal

Zutaten für 6 Personen

1 kg Blattspinat
Salz
2 Knoblauchzehen
1 Zwiebel
2 Eßl. Olivenöl
weißer Pfeffer, frisch gemahlen
1 Bund Suppengrün
1 große Dose geschälte Tomaten (800 g)
eventuell 1 getrocknete Chilischote
4–5 Zweige Rosmarin
1 Bund Basilikum
400 g frischer Ricotta
2 Eier
150 g Parmesan, frisch gerieben
250 g Lasagneblätter
250 g Mozzarella
1 Eßl. Butter

Zubereitungszeit: etwa 2 1/4 Stunden (davon 40 Minuten Backzeit)

Zutaten für 4–6 Personen

Für den Teig:
400 g Weizen- oder
Dinkelmehl
4 Eier
1 Eßl. Olivenöl
Salz

Für die Füllung:
200 g Mascarpone
1 Ei
50 g Parmesan, frisch
gerieben
3 Teel. Pesto (Rezept
Seite 45 oder fertig gekauft)
Salz
weißer Pfeffer, frisch
gemahlen

Für das Ragout:
300 g Tomaten
1 Stück Kürbis (etwa 500 g)
1 große Zwiebel
2 Knoblauchzehen
2 Bund Basilikum
1 Eßl. Olivenöl
100 ml trockener Weißwein
oder Gemüsebrühe
1 Döschen gemahlener
Safran
Salz
Pfeffer, frisch gemahlen
eventuell Parmesan

Zubereitungszeit:
etwa 2 Stunden

Ravioli mit Kürbisragout
Aus Italien • Braucht etwas Zeit

• Mehl, Eier und Olivenöl mit knapp 1 Teelöffel Salz mischen und so lange gründlich verkneten, bis der Teig glatt und glänzend ist. Bei Vollkornmehl bitte den Hinweis auf Seite 5 beachten. Den Teig zu einer Kugel formen und in Papier gewickelt bei Zimmertemperatur ruhen lassen, bis die Zutaten für die Füllung und das Kürbisragout vorbereitet sind.

• Für die Füllung Mascarpone, Ei, Parmesan und Pesto mischen, salzen und pfeffern.

• Für das Ragout die Tomaten mit kochendem Wasser überbrühen, häuten und klein würfeln. Den Kürbis schälen, entkernen und ebenfalls würfeln. Zwiebel und Knoblauchzehen schälen und sehr fein hacken. Das Basilikum waschen, trockenschwenken, die Blättchen von den Stielen zupfen und ganz lassen.

• Den Nudelteig nochmals kräftig durchkneten, in Portionen teilen und auf wenig Mehl etwa 2 mm dünn ausrollen.

• Die Hälfte des Teiges in Abständen von etwa 3 cm mit je 1 Teelöffel Mascarponefüllung belegen und mit dem restlichen Teig bedecken.

• Den Teig um die Füllung herum leicht andrücken und mit einem Teigrädchen quadratische Teigstücke ausschneiden. Die Teigränder mit einer Gabel etwas zusammendrücken.

• Für das Ragout das Öl in einem Topf erhitzen. Zwiebeln und Knoblauch darin andünsten. Den Kürbis kurz mitbraten. Die Tomaten, den Wein oder die Brühe und das Basilikum dazugeben. Den Safran untermischen. Das Gemüse salzen und pfeffern und zugedeckt bei mittlerer Hitze etwa 10 Minuten garen.

• Gleichzeitig für die Ravioli reichlich Salzwasser zum Kochen bringen. Die Ravioli darin etwa 3 Minuten garen, abtropfen lassen, mit der Sauce mischen und auf vorgewärmten Tellern servieren. Eventuell geriebenen Parmesan dazu reichen.

Bei 6 Personen pro Portion etwa: 2400 kJ/570 kcal

Mangoldrisotto

Aus Italien • Im Bild

• Mangold waschen und putzen. Die Blätter in Streifen schneiden, Stiele fein hacken. Das Suppengrün putzen, würfeln. Die Zitrone waschen. Die Schale dünn abschneiden und fein hakken. Knoblauch schälen und hacken.

• Die Hälfte der Butter erhitzen. Suppengrün und Knoblauch darin glasig dünsten. Den ungewaschenen Reis dazugeben und unter Rühren andünsten. Mangold kurz mitdünsten.

• Wein und Brühe mischen. Etwa ein Viertel davon zum Reis geben. Tomatenmark, Zitronenschale und Kapern hinzufügen und die Flüssigkeit unter Rühren offen einkochen lassen.

• Das zweite Viertel der Brühe hinzufügen und einkochen lassen. Die übrige Brühe dazugeben, den Reis zugedeckt bei mittlerer Hitze noch etwa 20 Minuten garen. Dabei immer wieder durchrühren und bei Bedarf noch etwa $1/8$ l Wasser dazugeben.

• Die übrige Butter und Parmesan daruntermischen, alles salzen und pfeffern.

Pro Portion etwa: 2400 kJ/570 kcal

Artischockenrisotto

Aus Italien • Exklusiv

• Die Artischockenherzen vierteln. Die Zitrone schälen und würfeln. Borretsch, Löwenzahn oder Rucola waschen und fein hacken. Frühlingszwiebeln putzen, in feine Ringe schneiden.

• Die Hälfte der Butter erhitzen. Frühlingszwiebeln darin glasig dünsten. Ungewaschenen Reis mitandünsten. Borretsch, Löwenzahn oder Rucola kurz mitdünsten.

• Etwa ein Viertel der Brühe, die Artischocken und Zitronenstücke zum Reis geben, offen köcheln lassen, bis die Flüssigkeit verdampft ist. Dabei gelegentlich umrühren.

• Das zweite Viertel der Brühe hinzufügen und einkochen lassen. Die übrige Brühe dazugeben, den Reis zugedeckt bei mittlerer Hitze noch etwa 20 Minuten garen. Dabei immer wieder durchrühren und bei Bedarf noch etwa $1/8$ l Wasser dazugeben.

• Den Gorgonzola würfeln, mit der übrigen Butter unter den Risotto mischen, salzen und pfeffern.

Pro Portion etwa: 2200 kJ/520 kcal

Zutaten für je 4 Personen

Mangoldrisotto
200 g Mangold
1 Bund Suppengrün
$1/2$ unbehandelte Zitrone
1–2 Knoblauchzehen
3 Eßl. Butter
400 g Risottoreis
$1/4$ l trockener Weißwein
$3/4$ l Gemüsebrühe
2 Teel. Tomatenmark
1 Teel. Kapern
50 g Parmesan, frisch gerieben
Salz
weißer Pfeffer, frisch gemahlen

Zubereitungszeit:
etwa 1 Stunde

Artischockenrisotto
8 Artischockenherzen (aus dem Glas)
1 Zitrone
50 g Borretsch, Löwenzahn oder Rucola
2 Frühlingszwiebeln
3 Eßl. Butter
400 g Risottoreis
1 l Gemüsebrühe
Salz
weißer Pfeffer, frisch gemahlen
50 g Gorgonzola

Zubereitungszeit:
etwa 45 Minuten

Zutaten für 4 Personen

Für den Teig:
300 g Weizen- oder Dinkelmehl
Salz
5–6 Eßl. Olivenöl
20 g frische Hefe

Für den Belag:
1 kg vollreife Tomaten
2 Zwiebeln
3 Knoblauchzehen
1 Eßl. Olivenöl
Salz
weißer Pfeffer, frisch gemahlen
375 g Mozzarella (am besten aus Büffelmilch)
1 Bund Basilikum
1 Eßl. Kapern
4 Peperoni (aus dem Glas)

Zubereitungszeit:
etwa 1 3/4 Stunden

Tomaten-Mozzarella-Pizza
Aus Italien • Würzig

• Das Mehl, eine kräftige Prise Salz und 4 Eßlöffel Öl in einer Schüssel mischen. Die Hefe zerbröckeln und mit etwa 1/8 l lauwarmem Wasser verrühren. Zum Mehl geben und alles zu einem glatten, geschmeidigen Teig verkneten. Den Teig zugedeckt etwa 45 Minuten gehen lassen, bis sich sein Volumen verdoppelt hat. Bei Vollkornmehl bitte den Hinweis auf Seite 5 beachten.

• Inzwischen die Tomaten häuten und klein würfeln. Die Zwiebeln und den Knoblauch schälen und fein hacken.

• 1 Eßlöffel Öl in einem Topf erhitzen. Zwiebeln und Knoblauch darin glasig dünsten. Tomaten hinzufügen. Die Sauce offen bei mittlerer Hitze in etwa 30 Minuten musig einkochen lassen, salzen und pfeffern.

• Den Mozzarella in dünne Scheiben schneiden. Das Basilikum waschen, die Blättchen abzupfen und trockentupfen. Das Backblech mit etwas Öl bestreichen. Den Backofen auf 220° vorheizen.

• Den Teig noch einmal durchkneten, auf wenig Mehl in Größe des Backblechs ausrollen. Auf das gefettete Blech legen, die Ränder etwas dicker formen. Die Tomatensauce auf dem Teig verstreichen, mit Basilikum, Kapern, Peperoni und Mozzarella belegen und mit dem übrigen Olivenöl beträufeln.

• Die Pizza im heißen Ofen (Mitte, Umluft 200°) in etwa 20 Minuten braun backen.

Pro Portion etwa: 2700 kJ/640 kcal

Variante aus Frankreich:
Pissaladière
800 g gehackte Zwiebeln etwa 15 Minuten in 2 Eßlöffeln Öl dünsten. Den gegangenen, auf dem Blech ausgerollten Teig mit einer Mischung aus den Zwiebeln, 2 gepreßten Knoblauchzehen, Salz, Pfeffer und 3 Teelöffeln Tomatenmark bedecken. Mit Scheiben von 2 Tomaten und 20 schwarzen Oliven belegen, mit 100 g geriebenem Greyerzer bestreuen und backen.

Kartoffeln mit Nußsauce
Aus Spanien • Im Bild

• Den Backofen auf 250° vorheizen. Die Paprikaschote waschen, halbieren und entkernen. Dann auf dem Backblech im heißen Ofen (Mitte, Umluft 220°) etwa 20 Minuten backen, bis die Haut Blasen wirft und braun ist.

• Die Paprika kurz unter einem feuchten Tuch ruhen lassen, dann die Haut abziehen. Das Fruchtfleisch grob zerkleinern. Die Tomaten überbrühen, häuten und würfeln. Die Pfefferschoten zerkrümeln. Knoblauch schälen und vierteln. Die Nüsse in einer trockenen Pfanne bei mittlerer Hitze unter Rühren anrösten, bis sie würzig duften. Alles im Mixer fein pürieren. Dabei das Öl nach und nach zufließen lassen.

• Die Sauce mit Zitronensaft und Salz abschmecken, beiseite stellen.

• Die Kartoffeln waschen und in wenig Wasser zugedeckt in etwa 20 Minuten weich kochen, abgießen und mit der Sauce servieren.

Pro Portion etwa: 2400 kJ/570 kcal

Kartoffeltortilla
Aus Spanien • Schnell

• Die Kartoffeln schälen, waschen und in etwa 3 mm dicke Scheiben schneiden, mit einem Küchentuch gründlich trockentupfen.

• Die Eier gründlich verquirlen, bis die Masse schaumig ist, salzen und pfeffern.

• Das Öl in einer Pfanne erhitzen. Die Kartoffelscheiben darin bei mittlerer Hitze unter gelegentlichem Wenden etwa 3 Minuten braten, bis sie goldbraun sind.

• Die Eiermasse über die Kartoffeln gießen. Die Tortilla zugedeckt bei schwacher Hitze etwa 8 Minuten garen, bis sie gebräunt ist und sich vom Pfannenboden lösen läßt.

• Die Tortilla auf einen Teller gleiten lassen, mit Hilfe eines zweiten Tellers wenden und wieder in die Pfanne geben. Zugedeckt in etwa 5 Minuten fertig garen. Die Tortilla soll gebräunt und die Kartoffeln müssen weich sein. Dazu schmeckt gemischter Salat.

Pro Portion etwa: 1200 kJ/290 kcal

Zutaten für je 4 Personen

Kartoffeln mit Nußsauce
1 große rote Paprikaschote
200 g Tomaten
1–2 getrocknete rote Pfefferschoten
2–3 Knoblauchzehen
100 g gehäutete Mandeln
5 Eßl. Olivenöl
1 Eßl. Zitronensaft (ersatzweise Weißweinessig)
Salz
1 1/2–2 kg kleine festkochende Kartoffeln

Zubereitungszeit: etwa 1 Stunde

Zutaten für 2 Personen

Kartoffeltortilla
500 g vorwiegend festkochende Kartoffeln
5 Eier
Salz
weißer Pfeffer, frisch gemahlen
4–5 Eßl. Olivenöl

Zubereitungszeit: etwa 30 Minuten

Zutaten für 4 Personen

Für die Gnocchi:
1 kg mehligkochende Kartoffeln
200 g Weizen- oder Dinkelmehl
Salz
1 Eigelb
50 g Parmesan, frisch gerieben

Für die Kräuterbutter:
1 großes Bund Basilikum
1 großes Bund Borretsch (ersatzweise 50 g feiner Blattspinat)
2 Knoblauchzehen
Salz
75 g Butter
1 Döschen gemahlener Safran
weißer Pfeffer, frisch gemahlen
eventuell Parmesan

Zubereitungszeit: etwa 2 Stunden

Gnocchi mit Kräuter-Safran-Butter
Aus Italien • Etwas aufwendiger

- Für die Gnocchi die Kartoffeln waschen und ungeschält in wenig Wasser zugedeckt bei mittlerer Hitze in etwa 30 Minuten weich kochen.

- Die Kartoffeln heiß schälen und sofort durch die Kartoffelpresse in eine Schüssel drücken.

- Das Püree etwas auskühlen lassen, dann mit dem Mehl, Salz, dem Eigelb und dem Käse mischen und kurz, aber gründlich durchkneten.

- Aus dem Teig auf der leicht bemehlten Arbeitsplatte etwa fingerdicke Rollen formen. Diese in etwa 2 cm lange Stücke schneiden und mit einer Gabel etwas eindrücken.

- Die Gnocchi nebeneinander auf ein bemehltes Küchentuch legen und etwa 15 Minuten ruhen lassen.

- Für die Kräuterbutter die Kräuter waschen, trockenschwenken und von den groben Stielen befreien. Die Blätter grob hacken. Den Knoblauch schälen und sehr fein hacken.

- In einem großen Topf reichlich Wasser mit Salz zum Kochen bringen. Die Gnocchi darin in zwei Portionen nacheinander garen. Sobald die Gnocchi an die Oberfläche steigen, mit einem Schaumlöffel herausheben, in eine Schüssel geben und im Backofen bei 75° (Umluft 50°) warm halten.

- Schon während das Wasser erhitzt wird, die Butter in einem Topf zerlassen. Die Kräuter, den Knoblauch und den Safran hineingeben und unter Rühren zusammenfallen lassen. Mit Salz und Pfeffer würzen.

- Die gegarten Gnocchi mit der Kräuterbutter auf Tellern verteilen und eventuell mit frisch geriebenem Parmesan servieren.

Pro Portion etwa: 2300 kJ/550 kcal

LEIDEN-SCHAFTLICH GERN

Gemüse

Fruchtbare Böden und strahlender Sonnenschein garantieren im Mittelmeerraum ideale Bedingungen für eine reiche Gemüseauswahl. Kein Wunder also, daß Gemüse hier beim Kochen im Mittelpunkt steht, sowohl bei Vorspeisen und Suppen als auch bei Hauptgerichten. Die meisten Sorten kennen Sie sicher gut, deshalb hier nur die Beschreibung einiger ausgewählter Gemüse:

Sommerliche Vielfalt

• Auberginen, auch Eierfrüchte genannt, sind Ihnen sicher bekannt. Allerdings sind die gleichmäßig, fast einheitlich geformten Früchte aus dem Supermarkt geschmacklich oft eine Enttäuschung. Wenn Auberginen zu früh geerntet werden, schmecken sie nicht nur fade, sie können sogar noch das giftige Solanin enthalten. Also auch bei Auberginen immer die grünen Stellen wegschneiden! Reife Früchte erkennen Sie daran, daß die Schale nicht mehr hochglänzend ist und die Früchte auf Druck etwas nachgeben (ist allerdings nicht immer nachprüfbar). Auberginen sollten Sie möglichst rasch nach dem Einkauf verwenden. Sie lassen sich nicht gut lagern. Übrigens: das Einsalzen der geschnittenen Früchte, um Bitterstoffe zu entfernen, ist heutzutage nicht mehr nötig. Die Bitterstoffe wurden den Auberginen nämlich durch Kreuzungen weggezüchtet.

• Kürbis, ein naher Verwandter des Zucchino, wird in den verschiedensten Sorten und Größen verkauft. Geschmacklich unterscheiden sich die europäischen Sorten nur unwesentlich. Von großen Kürbissen können Sie auf Märkten beliebige Stücke kaufen. Falls etwas übrigbleibt, hält sich der Kürbis, mit Frischhaltefolie bedeckt, etwa drei Tage im Kühlschrank. Ganze Kürbisse dagegen können an einem kühlen Ort mehrere Wochen gelagert werden.

• Mangold, der in den Mittelmeerländern auch wild wächst, ist nicht
mit dem Spinat, sondern mit der roten
Bete verwandt. Dennoch läßt sich das
aromatische Gemüse, das leider bei
uns relativ selten angeboten wird, am
besten durch Spinat ersetzen, vor allem
durch den kräftigen Wurzelspinat.

• Okraschoten werden vor allem in
Griechenland und der Türkei zubereitet, oft in Verbindung mit Fleisch, aber
auch als vegetarisches Schmorgericht
mit Tomaten. Okras zählen zu den
Fruchtgemüsen und sind fingerdicke,
bis zu 15 cm lange, mehrkantige
Samenkapseln, weswegen sie auch
»Ladyfingers« genannt werden. Die
Schoten werden unreif geerntet und
sondern beim Garen etwas milchigen
Schleim ab, wenn sie verletzt sind. Er
dient gleichzeitig als Bindemittel.
Wer das nicht mag, sollte die Schoten
vor der Zubereitung etwa 3 Minuten in
kochendem Wasser mit einem Schuß
Essig blanchieren. Okraschoten sollten
beim Einkauf fest und schön grün sein.

• Spinat unterteilt man nach der
Größe und Dicke in Wurzelspinat und
Blattspinat. Wurzelspinat hat kräftige,
dicke und gerippte Blätter, in denen
sich meist ziemlich viel Erde und
Sand sammelt. Er muß deshalb mindestens zweimal in stehendem kalten
Wasser gründlich gewaschen werden.
Der feinere Blattspinat hat kleinere,
glatte Blätter, die meist nicht so stark
verschmutzt sind. Er schmeckt auch
roh als Salat gut, Wurzelspinat dagegen
sollten Sie immer gegart servieren.

Sonnengereifte Frische
Wichtig für alle Gemüsesorten: Kaufen
Sie sie möglichst dann, wenn sie
Saison haben, also im Freiland sonnen-
gereift geerntet werden. Als kleine
Gedankenstütze haben wir in der vor-
deren Buchklappe einen Saisonkalen-
der abgebildet.
Und: Fruchtgemüse wie Tomaten und
Paprikaschoten gehören nicht in den
Kühlschrank, sondern werden bei
Zimmertemperatur gelagert, weil sie
sonst an Aroma verlieren.

Beilagen für Nichtvegetarier
Wer mag, kann zu den Gemüsegerichten auch Mittelmeerfische zubereiten,
die gegrillt oder gebraten besonders
gut schmecken.

Fritieren – knusprige Hülle für zarte Gemüse

*Eine beliebte Gemüsezube-
reitung der Mittelmeerländer ist das Fritieren in Teig.*

*Für den Teig brauchen Sie
etwa 175 g Mehl, 2 Eier,
etwa 175 ml Wasser, 2 Eß-
löffel Olivenöl und 1 kräftige
Prise Salz.*
*Alle Zutaten verrühren und
30 Minuten quellen lassen.
Kartoffelscheiben oder -wür-
fel, Pilze, Zucchini, Paprika,
Zwiebeln, aber auch Zucchi-
niblüten vorbereiten und
eventuell zerkleinern, durch
den Teig ziehen und in
heißem Öl ausbacken.
Dazu schmecken Tzatziki
(Rezept Seite 12) oder
scharfe Nußsauce (Rezept
Seite 57), aber auch eine
Knoblauchmayonnaise.*

Ratatouille

Aus Frankreich • Im Bild

• Zwiebel schälen und in feine Ringe schneiden. Die Auberginen schälen und putzen, in etwa 2 cm große Würfel teilen. Zucchini waschen und würfeln. Die Tomaten überbrühen, häuten und in Scheiben schneiden. Die Paprikaschoten waschen, entkernen und in Stücke schneiden. Knoblauch schälen und in feine Scheiben schneiden.

• In einem großen Topf 3 Eßlöffel Öl erhitzen. Die Auberginen darin rundherum kräftig anbraten. Restliches Öl angießen und Zwiebel, Zucchini und Paprikaschoten dazugeben. Das Gemüse unter Rühren einige Minuten andünsten. Dann die Tomaten und etwa 100 ml Wasser hinzufügen. Alles salzen und pfeffern. Die Kräuter waschen und einlegen.

• Alles bei schwacher Hitze etwa 30 Minuten schmoren. Dann die Kräuter entfernen, die Ratatouille noch einmal abschmecken und heiß, lauwarm oder abgekühlt servieren.

Pro Portion etwa: 440 kJ/100 kcal

Sizilianisches Auberginengemüse

Aus Italien • Würzig

• Sellerie waschen, dünn abschälen und in dünne Scheiben schneiden. Die Zwiebel schälen und fein hacken. Die Auberginen waschen, putzen und in kleine Würfel schneiden. Die Tomaten überbrühen, häuten und würfeln.

• In einem Topf 2 Eßlöffel Öl erhitzen. Sellerie und Zwiebel darin glasig dünsten. Die Auberginen und das restliche Öl dazugeben und unter Rühren weiterdünsten, bis die Auberginen leicht gebräunt sind. Die Tomaten untermischen.

• Die Oliven entsteinen und zum Gemüse geben. Essig, Zucker, Salz und Pfeffer dazugeben und das Gemüse zugedeckt bei schwacher Hitze etwa 10 Minuten garen.

• Kapern und Pinienkerne untermischen und nochmals abschmecken. Das Gemüse warm mit Kartoffeln, Nudeln oder Reis oder abgekühlt als Vorspeise servieren.

Pro Portion etwa: 750 kJ/180 kcal

Zutaten für je 4 Personen

Ratatouille
1 weiße Zwiebel
2 Auberginen
2 Zucchini
500 g Eiertomaten
je 1 rote und gelbe
Paprikaschote
2 Knoblauchzehen
5 Eßl. Olivenöl
Salz
weißer Pfeffer, frisch
gemahlen
einige Zweige frischer
Thymian
1/2 Bund Petersilie
1 Lorbeerblatt

Zubereitungszeit:
etwa 1 Stunde

Auberginengemüse
1/2 Staude Sellerie
1 Zwiebel
2 Auberginen
400g Tomaten
4 Eßl. Olivenöl
10 schwarze Oliven
2 Eßl. Rotweinessig
1 Prise Zucker
Salz
weißer Pfeffer, frisch
gemahlen
2 Eßl. Kapern
2 Eßl. Pinienkerne

Zubereitungszeit:
etwa 45 Minuten

Zutaten für 4–6 Personen

400 g Zwiebeln
50 g Walnußkerne
etwa 10 Eßl. Olivenöl
1 Teel. getrocknete Kräuter der Provence
Salz
weißer Pfeffer, frisch gemahlen
1 kräftige Prise Zimtpulver
1 Aubergine (etwa 300 g)
2 Zucchini (etwa 350 g)
500 g Tomaten
2 Knoblauchzehen
1 Bund Petersilie
40 g Butter
40 g Weizen- oder Dinkelmehl
1/2 l Milch
125 g Parmesan, frisch gerieben
Muskatnuß, frisch gerieben
etwas Zitronensaft
2 Eier
500 g Kartoffeln

Zubereitungszeit:
etwa 2 1/2 Stunden
(davon 1 Stunde Backzeit)

Musaka mit Zwiebel-Nuß-Ragout
Aus Griechenland • Etwas aufwendiger

• Die Zwiebeln schälen und fein hacken. Die Walnußkerne fein zerkleinern. 2 Eßlöffel Öl in einem Topf erhitzen. Zwiebeln und Kräuter dazugeben, bei mittlerer Hitze unter Rühren in etwa 15 Minuten weich dünsten. Die Nüsse kurz mitdünsten. Das Ragout salzen, pfeffern und mit Zimt abschmecken.

• Aubergine und Zucchini waschen, putzen und längs in dünne Scheiben schneiden. Die Auberginenscheiben quer teilen. Das Gemüse portionsweise im restlichen Öl (bis auf 1 Eßlöffel) bei mittlerer Hitze von beiden Seiten braun braten und beiseite stellen.

• Die Tomaten überbrühen, häuten, klein würfeln und die Stielansätze entfernen. Knoblauch schälen, sehr fein hacken. Die Petersilie waschen und fein hacken.

• Das übrige Öl erhitzen. Tomaten mit Petersilie und Knoblauch andünsten, bei mittlerer Hitze sämig einkochen lassen, salzen und pfeffern.

• 30 g Butter in einem Topf schmelzen lassen. Das Mehl gut unterrühren. Die Milch unter kräftigem Schlagen dazugießen. Die Sauce bei schwacher Hitze etwa 5 Minuten köcheln lassen.

• Parmesan unter die Sauce rühren, mit Salz, Pfeffer, Muskat und Zitronensaft abschmecken. Die Eier unterrühren.

• Die Kartoffeln waschen, schälen und auf dem Gurkenhobel in dünne Scheiben teilen. Den Backofen auf 180° vorheizen.

• Eine feuerfeste, große Form lagenweise mit Auberginen, Zucchini, der Tomatenmischung, dem Zwiebelragout und Kartoffeln füllen. Dabei mit Kartoffeln beginnen und mit Auberginen abschließen. Jede Schicht mit etwas weißer Sauce übergießen. Die restliche Sauce über die Zutaten füllen. Die übrige Butter in Flöckchen darauf legen.

• Die Musaka in den Ofen (Mitte, Umluft 160°) schieben, etwa 1 Stunde backen, bis die Kartoffeln weich sind und die Oberfläche schön gebräunt ist.

Bei 6 Personen pro Portion etwa:
2100 kJ/500 kcal

Okraschoten mit Tomaten

Aus der Türkei • Im Bild

• Die Okraschoten waschen, Stielansätze abschneiden (siehe Hinweis S. 63).

• Zwiebel und Knoblauch schälen, fein hacken. Die Tomaten überbrühen und häuten, das Fruchtfleisch in kleine Würfel schneiden.

• Öl in einem Topf erhitzen. Zwiebel und Knoblauch darin glasig dünsten. Okraschoten hinzufügen und kurz mitbraten.

• Die Tomaten und etwa 80 ml Wasser dazugeben. Das Gemüse mit Salz, Pfeffer und Paprikapulver würzen, zugedeckt bei schwacher Hitze etwa 10 Minuten schmoren.

• Inzwischen die Petersilie waschen und fein hacken, mit Zitronensaft unter das Gemüse mischen.

• Die Okraschoten eventuell nochmals salzen und pfeffern, dann servieren. Dazu schmeckt Reis, Hirse oder geschmorter Bulgur.

Pro Portion etwa: 590 kJ/140 kcal

Geschmorte Auberginen

Aus der Türkei • Preiswert

• Die Auberginen waschen, der Länge nach streifenweise in etwa $1^{1}/_{2}$ cm Abstand schälen (1 Streifen abschälen, 1 Streifen dranlassen), an einer Stelle etwa 2 cm tief, $^{1}/_{2}$ cm breit einkerben.

• Zwiebeln schälen und in Ringe schneiden. Tomaten häuten und würfeln. Pfefferschoten entkernen, waschen und fein zerkleinern. Petersilie waschen und fein hacken. Knoblauch schälen und stifteln.

• 3 Eßlöffel Öl erhitzen. Die Zwiebeln darin glasig dünsten. Tomaten, Pfefferschoten und Petersilie etwa 5 Minuten mitgaren. Mit Knoblauch, Salz, Pfeffer und Paprikapulver abschmecken.

• Die Auberginen im restlichen Öl rundherum anbraten. Mit dem Einschnitt nach oben in einen Topf legen. Die Tomatenmasse in den Einschnitten verteilen. $^{1}/_{8}$ l Wasser angießen, aufkochen, bei schwacher Hitze in 20–30 Minuten weich garen.

Pro Portion etwa: 850 kJ/200 kcal

Zutaten für je 4 Personen

Okraschoten
700 g gleich große
Okraschoten
1 große Zwiebel
2–3 Knoblauchzehen
400 g Tomaten
3 Eßl. Olivenöl
Salz
weißer Pfeffer, frisch
gemahlen
$^{1}/_{2}$ Teel. Paprikapulver
rosenscharf
1 Bund Petersilie
1 Eßl. Zitronensaft

Zubereitungszeit:
etwa 40 Minuten

Geschmorte Auberginen
4 Auberginen
2 Zwiebeln
2 große Tomaten
2 frische grüne
Pfefferschoten
1–2 Bund Petersilie
4 Knoblauchzehen
6 Eßl. Olivenöl
Salz
weißer Pfeffer, frisch
gemahlen
1 Prise Paprikapulver
rosenscharf

Zubereitungszeit:
etwa 1 Stunde

Gefüllte Paprika und Tomaten

Aus Italien • Würzig

• Für die Paprikaschoten den Backofen auf 250° vorheizen. Die Schoten waschen und entkernen, auf ein Backblech legen und im Ofen (Mitte, Umluft 220°) etwa 25 Minuten backen, bis die Schale Blasen wirft.

• Die Paprika unter einem feuchten Tuch kurz abkühlen lassen. Dann die Schale vorsichtig abziehen und die Paprika jeweils der Länge nach in 4 Stücke schneiden.

• Während die Paprika backen, das Brötchen in Wasser einweichen. Die Oliven entsteinen und mit Kapern und Pinienkernen fein hacken. Petersilie waschen und fein hacken. Das Brötchen ausdrücken und fein zerpflücken. Diese Zutaten mit dem Ei verkneten, salzen und pfeffern.

• Die Paprikascheiben mit der Masse bedecken und der Länge nach aufrollen. Mit den Schnittflächen nach unten in eine gefettete, feuerfeste Form legen.

• Die Tomaten waschen, abtrocknen und jeweils einen Deckel abschneiden. Das Fruchtfleisch mit einem Löffel herauslösen, fein hacken. Basilikum waschen, trockenschwenken und die Blättchen abzupfen. Knoblauch schälen und fein hacken.

• Öl in einem Topf erhitzen. Das gehackte Tomatenfleisch und den Knoblauch dazugeben, bei mittlerer Hitze unter gelegentlichem Umrühren in etwa 10 Minuten sämig einkochen lassen.

• Das Tomatenmus vom Herd ziehen und etwas abkühlen lassen. Den Ricotta zerkleinern und mit Basilikum, Pecorino oder Parmesan unter die Tomaten mischen. Mit Salz, Pfeffer und Zitronensaft würzen, in die Tomaten füllen.

• Den Backofen auf 200° vorheizen. Die Tomaten zu den Paprikaröllchen in die Form legen und das Gemüse mit Olivenöl beträufeln.

• Das Gemüse im Ofen (Mitte, Umluft 180°) etwa 30 Minuten backen, bis es schön gebräunt ist.

Pro Portion etwa: 1500 kJ/360 kcal

Zutaten für 4 Personen

Für die Paprikaschoten:
4 gelbe Paprikaschoten
1 Brötchen
50 g grüne Oliven
50 g Kapern
50 g Pinienkerne
1 Bund Petersilie
1 Ei
Salz
weißer Pfeffer, frisch gemahlen

Für die Tomaten:
8 mittelgroße Tomaten
1 Bund Basilikum
2 Knoblauchzehen
1 Eßl. Olivenöl
100 g Ricotta oder anderer Frischkäse
2 Eßl. Pecorino oder Parmesan, frisch gerieben
Salz
weißer Pfeffer, frisch gemahlen
1 Teel. Zitronensaft

Zum Beträufeln:
2 Eßl. Olivenöl

Für die Form:
Butter

Zubereitungszeit:
etwa 1³/4 Stunden (davon 55 Minuten Backzeit)

Zutaten für je 4 Personen

Mangold mit Rosinen
1 kg Mangold
Salz
3 Knoblauchzehen
4–5 Eßl. Olivenöl
50 g Pinienkerne
50 g Rosinen
1 Eßl. Zitronensaft
weißer Pfeffer, frisch gemahlen

Zubereitungszeit:
etwa 30 Minuten

Buntes Gemüsegratin
700 g Tomaten
1 Stück Kürbis (etwa 750 g)
750 g Auberginen
Salz
500 g milde weiße Zwiebeln
8 Eßl. Olivenöl
250 g junger Pecorino
weißer Pfeffer, frisch gemahlen
50 g Semmelbrösel

Zubereitungszeit:
etwa 1 Stunde 20 Minuten
(davon 30 Minuten Backzeit)

Mangold mit Rosinen
Aus Spanien • Im Bild

• Den Mangold waschen und putzen. Die Blätter abschneiden und grob hakken. Die Stiele in Streifen schneiden.

• In einem großen Topf reichlich Salzwasser zum Kochen bringen. Die Mangoldstiele hineingeben und etwa 2 Minuten blanchieren. Die Blätter hinzufügen und alles nochmals etwa 1 Minute blanchieren. Mangold in einem Sieb kalt abschrecken, abtropfen lassen.

• Den Knoblauch schälen und fein hacken. Das Öl in einer Pfanne erhitzen. Die Pinienkerne darin unter Rühren anrösten. Rosinen und Knoblauch dazugeben und kurz mitbraten.

• Den Mangold dazugeben, mit dem Zitronensaft, Salz und Pfeffer würzen und zugedeckt bei schwacher Hitze noch etwa 5 Minuten schmoren.

• Der Mangold schmeckt heiß als Beilage, aber auch lauwarm oder abgekühlt als Vorspeise.

Pro Portion etwa: 1100 kJ/260 kcal

Buntes Gemüsegratin
Aus Frankreich • Braucht etwas Zeit

• Die Tomaten überbrühen und häuten, quer zu den Samenkammern in dünne Scheiben schneiden. Den Kürbis schälen und in etwa $1/2$ cm dicke Scheiben schneiden. Die Auberginen waschen, putzen und in etwa 1 cm dicke Scheiben teilen.

• Salzwasser aufkochen. Kürbis und Auberginen etwa 5 Minuten blanchieren, abschrecken und abtropfen lassen.

• Die Zwiebeln schälen, in feine Ringe schneiden. In 2 Eßlöffeln Öl bräunen. Den Käse reiben.

• Den Backofen auf 180° vorheizen. Eine feuerfeste Form lagenweise mit Zwiebeln und Gemüse füllen. Jede Schicht salzen und pfeffern und mit etwas Käse bestreuen.

• Den übrigen Käse mit Semmelbröseln mischen, auf das Gratin streuen. Das restliche Öl darüber träufeln.

• Im Ofen (Mitte, Umluft 160°) etwa 30 Minuten braun backen.

Pro Portion etwa: 2600 kJ/620 kcal

Zutaten für 1 Springform von 28 cm ⌀

300 g tiefgefrorener Blätterteig (oder Filloteig aus dem griechischen Geschäft; dazu dann 50 g zerlassene Butter)
750 g feiner Blattspinat (eventuell zur Hälfte Endiviensalat)
Salz
1 Chicorée (etwa 200 g)
1 Bund Frühlingszwiebeln
1 große Zwiebel
2 Eßl. Olivenöl
weißer Pfeffer, frisch gemahlen
Muskatnuß, frisch gerieben
1 Eßl. Fenchelsamen
1 großes Bund Dill
3 Eier
250 g Schafkäse
1 Eigelb
2 Eßl. Milch

Zubereitungszeit: etwa 1 3/4 Stunden (davon 55 Minuten Backzeit)

Gemüse-Käse-Pastete
Aus Griechenland • Für Gäste

• Die Blätterteigplatten nebeneinander legen und auftauen lassen.

• Den Spinat gründlich in stehendem kaltem Wasser waschen, dann in kochendem Salzwasser etwa 4 Minuten blanchieren. Die Blätter abgießen, in einem Sieb kalt abschrecken, gut abtropfen lassen. Mit den Händen gut ausdrücken, fein hacken.

• Den Chicorée waschen, in feine Streifen schneiden. Die Frühlingszwiebeln putzen, waschen und mit dem hellen Grün in feine Ringe schneiden. Die Zwiebel schälen, fein hacken.

• Öl in einer Pfanne erhitzen. Zwiebel, Frühlingszwiebeln und Chicorée darin unter Rühren einige Minuten dünsten, bis sie glasig sind. Den Spinat dazugeben, alles so lange weitergaren, bis das Gemüse nicht mehr feucht ist. Mit Salz, Pfeffer und Muskat abschmecken. Die Fenchelsamen mit einer breiten Messerklinge auf einem Holzbrett zerdrücken und unter das Gemüse mischen.

• Den Dill waschen und fein hacken. Die Eier etwas verquirlen. Den Käse fein zerbröckeln. Alles unter die Gemüsemasse mischen.

• Den Backofen auf 180° vorheizen. Die Springform kalt ausspülen.

• 3 Blätterteigplatten aufeinander legen und auf wenig Mehl zu einer runden Platte ausrollen, die etwas größer sein soll als die Form. Die Teigplatte in die Form legen, den Rand nach außen hängen lassen. (Falls Sie Filloteig verwenden, die 3 Teigblätter übereinander einzeln in die Form legen, dabei jeweils mit zerlassener Butter bepinseln.)

• Die Füllung auf dem Teig verteilen. Die Ränder nach innen klappen. Die restlichen Teigplatten ebenfalls rund ausrollen (Filloteigblätter jeweils wieder mit Butter bepinseln). Den Teig auf die Füllung legen. Das Eigelb mit der Milch verrühren. Auf dem Teig verstreichen.

• Die Pastete im Ofen (Mitte, Umluft 160°) etwa 55 Minuten braun backen.

Bei 4 Personen pro Portion etwa:
2500 kJ/600 kcal

Zutaten für je 4 Personen

Gemüsegratin
je 1 rote, gelbe und hellgrüne Paprikaschote
2 Zucchini
1 Aubergine
500 g Eiertomaten
5 Eßl. Olivenöl
2 Teel. getrocknete Kräuter
der Provence
2 Knoblauchzehen
Salz
weißer Pfeffer, frisch
gemahlen
400 g Schafkäse
1/8 l Milch
3 Eier
16 schwarze Oliven
4–8 eingelegte Peperoni

Zubereitungszeit:
etwa 1 Stunde 20 Minuten

Spinat mit Joghurt
500 g Spinat
Salz
1 Zwiebel
2 Knoblauchzehen
2 Eßl. Olivenöl
250 g Schafmilchjoghurt
1 Teel. gemahlener Kreuz-
kümmel oder Kümmel
weißer Pfeffer, frisch
gemahlen
1/2 Eßl. Zitronensaft

Zubereitungszeit:
etwa 20 Minuten

Gemüsegratin mit Schafkäse

Aus Griechenland • Im Bild

• Die Paprikaschoten waschen, entkernen und in Streifen schneiden.
Zucchini und Aubergine waschen,
putzen und würfeln. Die Tomaten
waschen und quer zu den Samenkammern in Scheiben schneiden.

• Das Öl in einem Topf erhitzen.
Zucchini, Aubergine und Paprikaschoten darin unter Rühren einige Minuten
braten. Die Kräuter untermischen.

• Den Knoblauch schälen und durch die
Presse dazudrücken. Salzen und pfef-
fern und in eine feuerfeste Form geben.
Den Backofen auf 200° vorheizen.

• Den Käse mit der Milch pürieren. Die
Eier untermischen. Die Creme mit
Pfeffer und eventuell wenig Salz ab-
schmecken.

• Das Gemüse mit der Schafkäsecreme
begießen, mit den Oliven und den
Peperoni belegen. Das Gratin im Ofen
(Mitte, Umluft 180°) etwa 45 Minuten
backen, bis es schön gebräunt ist.

Pro Portion etwa: 2000 kJ/480 kcal

Spinat mit Joghurt

Aus der Türkei • Exotisch

• Den Spinat verlesen und in stehendem
kaltem Wasser mehrmals gründlich
waschen. In einem Topf reichlich Wasser mit Salz zum Kochen bringen.

• Den Spinat darin zugedeckt etwa
3 Minuten sprudelnd kochen lassen, bis
alle Blätter zusammengefallen sind.

• Den Spinat in einem Sieb eiskalt
abschrecken und gut abtropfen lassen.
Dann mit den Händen etwas ausdrücken und sehr fein hacken. Die
Zwiebel und den Knoblauch schälen
und ebenfalls fein hacken.

• Das Öl in einem Topf erhitzen. Die
Zwiebel und den Knoblauch darin etwa
3 Minuten unter Rühren andünsten.
Den Spinat hinzufügen und ebenfalls
einige Minuten dünsten.

• Dann den Joghurt untermischen und
den Spinat mit dem Kreuzkümmel, Salz,
Pfeffer und dem Zitronensaft würzen.
Lauwarm oder – im Sommer – gut
gekühlt als Beilage servieren.

Pro Portion etwa: 370 kJ/88 kcal

Spargel-Frittata
Aus Italien • Im Bild

- Den Spargel waschen und von den Stielenden befreien. Dicke Stangen eventuell am unteren Ende dünn schälen. In etwa 1 cm lange Stücke schneiden und in reichlich sprudelnd kochendem Salzwasser etwa 2 Minuten blanchieren, kalt abschrecken. Zwiebeln schälen und fein hacken.

- 2 Eßlöffel Öl in einer größeren Pfanne erhitzen. Zwiebeln darin glasig dünsten. Spargel hinzufügen und kurz mitbraten. Die Pfanne vom Herd ziehen.

- Die Eier schaumig schlagen und salzen und pfeffern. Die Spargelmasse untermischen.

- Das übrige Öl in der Pfanne erhitzen. Die Eiermasse hineingießen und verteilen. Bei schwacher Hitze in etwa 10 Minuten stocken lassen.

- Die Frittata auf einen Teller gleiten lassen, auf einen zweiten Teller stürzen und umgedreht wieder in die Pfanne geben. Dann in weiteren 3 Minuten fertig backen.

Pro Portion etwa: 1100 kJ/260 kcal

Paprika-Omelett
Aus Spanien • Preiswert

- Die Paprikaschoten waschen und putzen. Dann in schmale Streifen schneiden. Zwiebel und Knoblauch schälen, fein hacken. Die Petersilie waschen und ohne Stiele fein hacken.

- Die Eier mit der Milch verquirlen und mit Salz und Pfeffer pikant würzen.

- Das Öl in einer größeren Pfanne erhitzen. Zwiebel und Knoblauch darin glasig dünsten. Die Paprikastreifen und Petersilie hinzufügen, kurz mitbraten.

- Die Eiermasse nochmals durchrühren, über die Paprikamischung gießen und gleichmäßig verteilen. Die Masse bei schwacher Hitze in etwa 10 Minuten stocken lassen.

- Das Omelett auf einen Teller gleiten lassen, auf einen zweiten Teller stürzen und mit der ungebackenen Seite nach unten wieder in die Pfanne geben. Das Omelett weitere 3 Minuten backen, dann heiß oder lauwarm servieren.

Pro Portion etwa: 1200 kJ/290 kcal

Zutaten für je 4 Personen

Spargel-Frittata
500 g grüner Spargel
Salz
2 Zwiebeln
4 Eßl. Olivenöl
8 Eier
weißer Pfeffer, frisch gemahlen

*Zubereitungszeit:
etwa 40 Minuten*

Paprika-Omelett
500 g rote Paprikaschoten
1 große Zwiebel
2 Knoblauchzehen
1 Bund Petersilie
8 Eier
2 Eßl. Milch
Salz
weißer Pfeffer, frisch gemahlen
4 Eßl. Olivenöl

*Zubereitungszeit:
etwa 45 Minuten*

Nachspeisen

Auch wenn in den Mittelmeerländern ein Essen fast nie mit dem Hauptgericht endet, ist ein süßes Dessert keineswegs obligatorisch. Vor allem an normalen Wochentagen wird man sich wahrscheinlich mit einer Schale gemischter frischer Früchte, einer kleinen Käseauswahl mit Trauben oder ein paar Oliven oder auch einfach nur einem Mokka oder Espresso »begnügen«. An Festtagen sieht die Sache allerdings schon anders aus, denn da zieht sich ein Essen über viele Stunden hin, und es wird sicher sowohl Süßes als auch Käse geben.

Süße Variationen
Wer den Zucker in unseren Rezepten ersetzen möchte, um die Nachspeisen vollwertiger zuzubereiten, der nehme
– für Gebäck Zuckerrohrgranulat in gleicher Menge wie weißen Zucker
– für Grießhalva und das Orangensorbet Honig oder Ahornsirup in etwa drei Viertel der angegebenen Zuckermenge

– für Obst ebenfalls Zuckerrohrgranulat oder milden Honig in etwa drei Viertel der angegebenen Zuckermenge.

Geplante Verführung
Die Desserts in diesem Kapitel gelingen leicht, manche brauchen allerdings etwas Zeit. Viele lassen sich schon viele Stunden vor dem Essen zubereiten, sind also ideal für die Gästebewirtung. Damit der Einkauf problemlos für Sie ist, finden Sie nachfolgend Beschreibungen der etwas unbekannteren Zutaten.

• Spirituosen mit Anis gibt es in allen Mittelmeerländern. Ob Sie Ouzo (griechischer Anisschnaps), Raki (türkischer Anisschnaps) oder Sambuca (italienischer Anislikör) kaufen, bleibt ganz Ihrem persönlichen Geschmack überlassen. Sie finden zumindest einen davon in größeren Supermärkten oder in den entsprechenden ausländischen Feinkostgeschäften. Außer im beschriebenen Dessert schmeckt er auch zum Mokka oder Espresso gut.

• Mandeln, die Samen des Mandel-
baumes, der aus Asien stammt, aber
inzwischen über den ganzen Mittelmeerraum verbreitet ist, unterteilt
man in süße und bittere Mandeln.
Bittere Mandeln enthalten Blausäure,
die allerdings beim Erhitzen ver-
schwindet. Man sollte sie nur in winzigen Mengen verwenden. Mandeln übrigens möglichst ungehäutet kaufen
und selbst von den braunen Häuten
befreien. Dafür mit kochendem Wasser
überbrühen, kurz ziehen lassen und
aus den Häuten drücken. Vor dem
Weiterverwenden gut abtrocknen oder
über Nacht auf einem Küchentuch
trocknen lassen.

• Mascarpone ist der bekannteste italienische Doppelrahm-Frischkäse, der
auch für die Zubereitung des beliebten
Tiramisu verwendet wird. Er wird in
ganz Italien produziert, ist von fester
Struktur und wird außer für die
Zubereitung von Nudelgerichten vor
allem für Desserts verwendet. Kaufen
können Sie Mascarpone in 250 g- und
500 g-Behältern in Supermärkten,
Käseläden und italienischen Feinkostgeschäften.

• Orangenblütenwasser gibt vielen
Desserts ein feines Aroma. Sie bekommen es in türkischen und griechischen
Lebensmittelgeschäften, aber auch in
der Apotheke.

• Pinienkerne reifen in den Zapfen der
Pinienbäume. Da das Herauslösen aus
den einzelnen Kammern aufwendig
ist, sind die Kerne teuer. Pinienkerne
schmecken süßlichharzig und enthalten viel Fett (wie andere Nußsorten).
Sie werden deshalb leicht ranzig und
sollten immer nur in kleinen Mengen
gekauft und möglichst rasch ver-
braucht werden. Übrige Samen immer
kühl und gut verschlossen aufbe-
wahren.

• Vanilleschoten sind die Frucht-
schoten einer Orchideenpflanze.
Das feine Aroma enthalten vor allem
die winzigen Vanillesamen im Inneren
der Schoten. Man schneidet die
Schoten der Länge nach auf und
kratzt die Samen mit der Spitze eines
kleinen Messers sorgfältig heraus.
Doch auch die Schoten haben etwas
Aroma. Sie können sie in kleine
Stücke schneiden und mit Zucker in
ein Glas füllen. Nach einigen Tagen
hat der Zucker das Aroma der Vanille
angenommen.

Käseplatte – Nachspeise für Gourmets

*Wenn Sie außer dem
Dessert auch Käse servieren
möchten, richten Sie sich
bei der Auswahl der Sorten
am besten nach den
Gerichten, die Sie vorher
serviert haben. War das
Menü eher französisch oder
italienisch, sollten Sie auch
beim Käse Sorten aus diesen
Ländern aussuchen. Bei
griechischen, spanischen
und türkischen Käsen ist die
Auswahl eher begrenzt. Zu
Spanien passen italienische
Hartkäse am besten, zu
Griechenland und Türkei
Schafkäse mit einigen
Oliven oder ebenfalls
Hartkäse aus Italien.*

Mandel-Pinien-Gebäck
Aus Spanien • Für Gäste

• Die Mandeln mit kochendem Wasser überbrühen und etwa 10 Minuten darin ziehen lassen. Dann abgießen, etwas auskühlen lassen und aus den Häuten drücken. Die Mandeln in einem Küchentuch gründlich trockenreiben oder ausgebreitet über Nacht trocknen lassen.

• Die Mandeln mit dem Puderzucker im Mixer portionsweise sehr fein mahlen. Dann mit dem Orangenblütenwasser, dem Likör, dem Puderzucker, dem Mandelaroma und den Eiern gründlich vermengen.

• Den Backofen auf 180° vorheizen. Die Mandelmasse zu gut walnußgroßen Bällchen formen. Die Pinienkerne in die Bällchen stecken.

• Die Plätzchen auf ein gefettetes Backblech legen und im heißen Ofen (Mitte, Umluft 160°) etwa 20 Minuten backen, bis sie schön gebräunt sind.

Pro Stück etwa: 460 kJ/110 kcal

Orangensorbet
Aus Italien • Erfrischend

• Die Orangen schälen, dabei auch die weißen Häute möglichst gründlich entfernen. Das Fruchtfleisch in kleine Stücke schneiden und mit dem Puderzucker und etwa 100 ml Wasser im Mixer fein pürieren.

• Die Masse mit dem Likör und dem Zitronensaft abschmecken und in eine flache Schale gießen. Die Orangenmasse etwa 2 Stunden ins Gefriergerät stellen. Dabei immer wieder durchrühren, damit sich nicht zuviel Eiskristalle bilden.

• Dann die Masse nochmals in eine Schüssel geben und mit dem Pürierstab rühren. Dann entweder gleich in Portionsschalen füllen und weitere 2 Stunden gefrieren oder nochmals in die flache Schale geben.

• Zum Servieren das Sorbet in Gläser verteilen und mit Orangenscheiben und eventuell Minzeblättchen garniert servieren. Dazu paßt das Mandel-Pinien-Gebäck.

Bei 6 Personen pro Portion etwa: 430 kJ/100 kcal

Zutaten

Mandel-Pinien-Gebäck (etwa 35 Stück)

400 g Mandeln
175 g Puderzucker
2 Eßl. Orangenblütenwasser (ersatzweise Orangensaft)
1 Eßl. Orangenlikör
1/2 Röhrchen Bittermandelaroma
2 Eier
100 g Pinienkerne

Zubereitungszeit: etwa 1 1/4 Stunden

Orangensorbet (4–6 Personen)

4 große Orangen
80 g Puderzucker
1 Eßl. Orangenlikör (ersatzweise Orangensaft)
2 Eßl. Zitronensaft

Zubereitungszeit: etwa 15 Minuten (+ etwa 4 Stunden Gefrierzeit)

Zutaten für 1 Springform von 28 cm Ø

Für den Teig:
250 g Weizen- oder Dinkelmehl
70 g Zucker
125 g kalte Butter
1/2 unbehandelte Zitrone
1/2 Teel. gemahlene Vanille
1 Eigelb

Für die Füllung:
4 Eier
1 Eigelb
200 g Zucker
2 1/2 unbehandelte Zitronen
125 g Sahne

Zum Blindbacken:
Hülsenfrüchte und Pergamentpapier

Zum Bestäuben:
1 Eßl. Puderzucker

Zubereitungszeit:
etwa 2 1/2 Stunden
(davon 55 Minuten Backzeit)

Zitronentarte

Aus Frankreich • Festlich

• Für den Teig Mehl, Zucker und die in kleine Stücke geteilte Butter auf die Arbeitsfläche häufen. Die Zitronenhälfte waschen und abtrocknen. Die Schale fein abreiben und mit Vanillemark und Eigelb zum Mehl geben. Etwa 1 Eßlöffel kaltes Wasser hinzufügen, alles mit den Händen zu einem glatten geschmeidigen Teig verkneten. Bei Vollkornmehl bitte den Hinweis auf Seite 5 beachten.

• Den Teig in der Springform verteilen, dabei einen Rand von etwa 2 cm Höhe formen und den Teig in der Form etwa 1 Stunde kühl stellen.

• Für die Füllung Eier und Eigelb mit Zucker zu einer sehr schaumigen Creme aufschlagen. Die Zitronen heiß waschen und abtrocknen. Von 1 1/2 Früchten die Schale fein abreiben. Alle Zitronen auspressen. Schale und Saft zur Eiercreme geben. Die Sahne steif schlagen und mit dem Schneebesen vorsichtig unter die Eiercreme heben.

• Den Backofen auf 180° vorheizen. Den Teig in der Form mit einem entsprechend großen Stück Pergamentpapier belegen und mit Hülsenfrüchten belegen.

• Den Teig im Ofen (Mitte, Umluft 160°) etwa 10 Minuten vorbacken. Dann die Hülsenfrüchte und das Papier entfernen.

• Die Zitronenfüllung auf den Teig gießen und die Tarte bei 160° (Umluft 140°) in etwa 45 Minuten fertig backen, bis die Masse fest ist.

• Die Tarte in der Form abkühlen lassen. Den Grill vorheizen. Die Tarte mit dem Puderzucker bestäuben und für etwa 1 Minute unter den heißen Grill schieben. Sie wird dabei schön gebräunt. Sie sollten die Tarte während der Grillzeit beobachten, damit sie nicht zu dunkel wird. Sofort servieren.

Bei 8 Stücken pro Stück etwa:
1820 kJ/430 kcal

Variante:

Statt mit Zitrone schmeckt die Tarte auch mit Orange. Den Saft von Blutorangen nehmen, die Schale von unbehandelten Orangen. Für die Füllung brauchen Sie nur 150 g Zucker.

Crème caramel
Aus Frankreich • Klassiker

• Die Vanilleschoten der Länge nach aufschlitzen, das Mark herauskratzen, mit der Milch zum Kochen bringen. Etwas ziehen lassen.

• Den Ofen auf 150° vorheizen. 6 Eßlöffel Zucker bei mittlerer Hitze schmelzen und caramelbraun werden lassen. Mit etwa 1/8 l Wasser ablöschen, sofort in die Förmchen gießen.

• Eier, Eigelbe und restlichen Zucker zu einer hellen, schaumigen Creme aufschlagen. Die Milch langsam unter Rühren zur Eiercreme geben. Die Eiercreme in die Förmchen gießen.

• Die Förmchen in eine feuerfeste Form stellen. So viel heißes Wasser angießen, daß sie zu etwa zwei Drittel darin stehen.

• Im Ofen (unten, Umluft 140°) etwa 1 Stunde garen. Das Wasser darf nicht kochen. Gegebenenfalls kaltes Wasser nachgießen.

• Die Creme abkühlen lassen. Vor dem Servieren auf Teller stürzen.

Bei 6 Personen pro Portion etwa:
1000 kJ/240 kcal

Grießhalva
Aus der Türkei • Im Bild

• Die Walnüsse oder Mandeln fein hacken. Die Butter in einem Topf schmelzen. Die Nüsse darin unter Rühren braten, bis sie leicht gebräunt sind.

• Grieß und Zucker hinzufügen, bei mittlerer Hitze unter Rühren etwa 5 Minuten braten, bis der Grieß goldbraun ist.

• Den Topf vom Herd ziehen und die Milch untermischen. Mit Zitronenschale und Gewürznelken abschmecken, wieder auf den Herd stellen. Den Grieß unter Rühren bei schwächster Hitze garen, bis er fest ist.

• Den Grieß in eine kalt ausgespülte Kastenform füllen, mit einem feuchten Löffel glattstreichen, abkühlen lassen.

• Vor dem Servieren das Grießhalva mindestens 2 Stunden kühl stellen. Dann mit einem Messer vom Rand der Form lösen, stürzen, mit Zimt bestäuben und in Scheiben schneiden. Nach Belieben mit etwas Zitronensaft beträufeln.

Bei 6 Personen pro Portion etwa:
1900 kJ/450 kcal

Zutaten

Crème caramel
(6 Förmchen à 150 ml)

2 Vanilleschoten
1/2 l Milch
170 g Zucker
2 Eier
4 Eigelb

Zubereitungszeit:
etwa 1 1/2 Stunden

Grießhalva
(1 Kastenform von etwa 1 1/2 l Inhalt)
50 g gehäutete Walnußkerne oder Mandeln
100 g Butter
250 g Hartweizengrieß
125 g Zucker
600 ml Milch
abgeriebene Schale von 1 großen unbehandelten Zitrone
1 Prise gemahlene Gewürznelken

Zum Bestreuen: Zimtpulver

Zubereitungszeit:
etwa 20 Minuten (+ etwa 2 Stunden Kühlzeit)

Zutaten für 8 Personen

Für den Brandteig:
60 g Butter
1 Eßl. Zucker
Salz
150 g Weizen- oder Dinkelmehl
4 Eier
1 Teel. Backpulver

Für das Backblech:
Fett und Mehl

Für die Schokofüllung:
75 g Zartbitter-Schokolade
1 Teel. löslicher Kaffee
100 g Sahne
1 Teel. Vanillezucker

Für die Mascaponefüllung:
1 unbehandelte Zitrone
1 Vanilleschote
150 g Mascarpone
3 Eßl. Sahne
2 Eßl. Puderzucker

Zum Bestäuben:
Puderzucker

Zubereitungszeit:
etwa 1 1/4 Stunden

Windbeutel-Duett
Aus Frankreich • Für Gäste

- Für den Brandteig etwa 1/4 l Wasser mit Butter, Zucker und einer Prise Salz zum Kochen bringen. Den Topf von der Kochstelle ziehen. Das Mehl unter Rühren auf einmal hineinschütten. Bei Vollkornmehl bitte den Hinweis auf Seite 5 beachten.

- Den Topf wieder auf die Kochstelle setzen. Den Teig bei schwächster Hitze so lange weiterrühren, bis er sich zu einem festen Kloß zusammenballt und sich am Topfboden eine weißliche Schicht gebildet hat.

- Den Teig in eine Schüssel geben. 1 Ei mit den Knethaken des Handrührgerätes sofort gründlich untermischen. Den Teig lauwarm abkühlen lassen. Restliche Eier und das Backpulver unter den Teig arbeiten.

- Den Backofen auf 180° vorheizen. Ein Backblech einfetten und mit Mehl bestäuben. Vom Teig mit zwei Teelöffeln Teighäufchen mit Abstand auf das Blech setzen (ergibt etwa 32 Kugeln auf zwei Backblechen).

- Die Windbeutel im Ofen (Mitte, Umluft 160°) etwa 35 Minuten backen, bis sie gebräunt sind. Den Backofen die ersten 20 Minuten nicht öffnen!

- Die Windbeutel herausnehmen, den Deckel abschneiden.

- Für die Schokofüllung die Schokolade mit dem Kaffee in einer Tasse im heißen Wasserbad schmelzen lassen. Sahne mit Vanillezucker steif schlagen. Die Hälfte mit der Schokolade verrühren, unter die übrige Sahne heben.

- Für die Mascarponefüllung die Zitrone heiß waschen und abtrocknen. Die Schale abreiben, eine Zitronenhälfte auspressen. Die Vanilleschote aufschlitzen und das Mark herauskratzen.

- Den Mascarpone mit der Zitronenschale, etwa 2 Eßlöffeln Zitronensaft, der Vanille, der Sahne und dem Puderzucker mischen.

- Jeweils die Hälfte der Windbeutel mit Schoko- und Mascarponecreme füllen und die Deckel wieder aufsetzen. Die Windbeutel mit Puderzucker bestäuben und frisch servieren.

Pro Portion etwa: 1500 kJ/360 kcal

Zutaten für je 4 Personen

Erdbeeren mit Anissahne
600 g Erdbeeren
80 g Zucker
200 g Sahne
8 Teel. Anislikör (oder Anisschnaps)

Zum Garnieren:
Zitronenmelisse

Zubereitungszeit:
etwa 20 Minuten

Rotweinbirnen
4 Birnen
³/₄ l trockener Rotwein
1 Zimtstange
2–3 Gewürznelken
1 Vanilleschote
2 Päckchen Vanillezucker
1–2 Eßl. Zitronensaft
100 g Crème fraîche
1 Eßl. Zucker
1 Prise Zimtpulver

Zubereitungszeit:
etwa 40 Minuten (ohne Abkühlzeit)

Erdbeeren mit Anissahne

Aus Spanien • Schnell

• Die Erdbeeren waschen, entkelchen und halbieren. Mit der Hälfte des Zuckers mischen und etwa 10 Minuten ziehen lassen.

• Die Sahne mit dem übrigen Zucker steif schlagen, mit dem Anislikör aromatisieren.

• Die Erdbeeren in Dessertschalen füllen, mit der Sahne bedecken und mit Zitronenmelisse garniert servieren.

Pro Portion etwa: 1300 kJ/310 kcal

Varianten:
Dieses einfache, aber köstliche Dessert läßt sich vielfältig abwandeln: Himbeeren statt Erdbeeren und Cassislikör statt Anisschnaps; oder Kirschen und Orangenlikör nehmen. Geviertelte frische Feigen und Grappa oder gemischte Beeren und Kaffeelikör schmecken ebenfalls gut.

Rotweinbirnen

Aus Italien • Im Bild

• Die Birnen schälen und halbieren.

• Den Wein mit dem Zimt, den Gewürznelken und der aufgeschlitzten Vanilleschote zum Kochen bringen. Mit dem Vanillezucker und 1 Eßlöffel Zitronensaft abschmecken und etwa 10 Minuten köcheln lassen.

• Die Birnen in den Sud legen und etwa 10 Minuten bei mittlerer Hitze darin garen. Die Früchte im Sud mindestens 1 Stunde abkühlen lassen.

• Die Crème fraîche mit dem Zucker und dem Zimt verquirlen und mit etwas Zitronensaft abschmecken.

• Die Früchte aus dem Sud heben und in Dessertschalen geben. Mit der Crème fraîche servieren.

Pro Portion etwa: 1500 kJ/360 kcal

Variante:
Das Rezept schmeckt auch mit Pfirsichen. Diese sollten allerdings vorher gehäutet werden.

REGISTER

A
Anisschnaps (Warenkunde) 83
Erdbeeren mit Anissahne 92
Artischocken 29
Artischockenrisotto 53
Gemüsetopf mit Arti-
schocken 38
Auberginen (Warenkunde) 62
Auberginentatar 20
Buntes Gemüsegratin 73
Geschmorte Auberginen 69
Musaka mit Zwiebel-Nuß-
Ragout 66
Ratatouille 65
Sizilianisches
Auberginengemüse 65
Vermicelli mit Gemüse 46

B
Basilikum
Gemüsesuppe mit Basilikum-
paste 33
Gnocchi mit Kräuter-Safran-
Butter 58
Ravioli mit Kürbisragout 50
Tagliatelle mit Pesto 45
Bauernsalat 20
Birnen: Rotweinbirnen 92
Brotsuppe mit Mozzarella 34
Bulgursalat 25
Buntes Gemüsegratin 72

C/D
Crème caramel 89
Dicke Bohnen (Warenkunde) 29
Gemüsetopf mit Arti-
schocken 38

E/F
Erdbeeren mit Anissahne 92
Fritieren in der Teighülle 63

G
Gefüllte Paprika und Tomaten 71
Gefüllte Tomaten 15

Gegrillte Paprika mit
Schafkäse 10
Gemüsebrühe (Grundrezept) 29
Gemüse-Käse-Pastete 74
Gemüsegratin mit
Schafkäse 76
Gemüsesalat mit Oliven-
creme 19
Gemüsesuppe mit Basilikum-
paste 33
Gemüsetopf mit Artischocken 38
Gemüsetopf mit Joghurt
(Variante) 38
Geschmorte Auberginen 69
Gnocchi mit Kräuter-Safran-
Butter 58
Grießhalva 89

J
Joghurt
Gemüsetopf mit Joghurt
(Variante) 38
Tzatziki 12
Möhrenjoghurt 12
Spinat mit Joghurt 76

K
Kalte Gemüsesuppe mit
Croûtons 30
Kapern
Gemüsesalat mit Oliven-
creme 19
Mangoldrisotto 53
Marinierte Zucchini 17
Sizilianisches
Auberginengemüse 65
Tomaten-Crostini 10
Weiße-Bohnen-Salat 22
Kartoffeln (Warenkunde) 42
Gemüsesalat mit Oliven-
creme 19
Gemüsesuppe mit
Basilikumpaste 33
Gemüsetopf mit Arti-
schocken 38

Gnocchi mit Kräuter-Safran-
Butter 58
Kartoffelcreme mit
Knoblauch 22
Kartoffeln mit Nußsauce 57
Kartoffeltortilla 57
Musaka mit Zwiebel-Nuß-
Ragout 66
Kichererbsen (Warenkunde) 29
Kichererbsencreme 25
Kichererbsensuppe
mit Spinat 34
Knoblauch
Knoblauchsuppe 30
Tzatziki 12
Kürbis (Warenkunde) 62
Buntes Gemüsegratin 73
Gemüsesuppe mit Basilikum-
paste 33
Kürbiscremesuppe 37
Ravioli mit Kürbisragout 50

L
Linsen: Rote-Linsen-Suppe 37
Lasagne mit Spinat
und Ricotta 49

M
Mandel-Pinien-Gebäck 85
Mangold (Warenkunde) 62
Mangold mit Rosinen 72
Mangoldrisotto 53
Marinierte Zucchini 17
Marinierte Zwiebeln 17
Mascarpone (Warenkunde) 83
Ravioli mit Kürbisragout 50
Windbeutel-Duett 90
Möhrenjoghurt 12
Mozzarella
Brotsuppe mit Mozzarella 34
Lasagne mit Spinat
und Ricotta 49
Tomaten-Mozzarella-Pizza 54
Musaka mit Zwiebel-Nuß-
Ragout 66

N
Nudeln (Warenkunde) 43
Lasagne mit Spinat
und Ricotta 49
Ravioli mit Kürbisragout 50
Spaghetti mit Rucola 46
Tagliatelle mit Pesto 45
Vermicelli mit Gemüse 46
Nüsse
Gefüllte Paprika und
Tomaten 71
Grießhalva 89
Kartoffeln mit Nußsauce 57
Mandeln (Warenkunde) 82
Musaka mit Zwiebel-Nuß-
Ragout 66
Sizilianisches
Auberginengemüse 65

O
Orangenblütenwasser 83
Orangensalat mit schwarzen
Oliven 19
Orangensorbet 85
Okraschoten (Warenkunde) 63
Okraschoten mit Tomaten 69
Oliven
Gemüsegratin mit Schafkäse 77
Gemüsesalat mit Oliven-
creme 19
Orangensalat mit schwarzen
Oliven 19

P
Paprika
Gefüllte Paprika
und Tomaten 71
Gegrillte Paprika
mit Schafkäse 10
Paprika-Omelett 79
Ratatouille 65
Parmesan (Warenkunde) 43
Gefüllte Tomaten 15
Lasagne mit Spinat
und Ricotta 49

Musaka mit Zwiebel-Nuß-
  Ragout 66
Pinienkerne (Warenkunde) 83
Mandel-Pinien-Gebäck 85
Pissaladière (Variante) 54

R
Ratatouille 65
Ravioli mit Kürbisragout 50
Reis (Warenkunde) 42
  Artischockenrisotto 53
  Mangoldrisotto 53
Ricotta
  Gefüllte Paprika
    und Tomaten 71
  Gefüllte Tomaten 15
  Lasagne mit Spinat und
    Ricotta 49
  Spaghetti mit Rucola 46
Rote Linsensuppe 37
Rotweinbirnen 92

S
Schafkäse
  Bauernsalat 20
  Gegrillte Paprika mit
    Schafkäse 10
  Gemüse-Käse-Pastete 74
  Gemüsegratin mit
    Schafkäse 76
  Zucchinipuffer 15
Sizilianisches Auberginen-
  gemüse 65
Spaghetti mit Rucola 46
Spargel-Frittata 79
Spinat (Warenkunde) 62
  Lasagne mit Spinat und
    Ricotta 49
  Spinat mit Joghurt 76

T
Tagliatelle mit Pesto 45
Tomaten
  Bauernsalat 20
  Buntes Gemüsegratin 73
  Gefüllte Paprika und
    Tomaten 71
  Gefüllte Tomaten 15

Gemüsegratin mit
  Schafkäse 77
Gemüsesuppe mit
  Basilikumpaste 33
Lasagne mit Spinat und
  Ricotta 49
Ratatouille 65
Ravioli mit Kürbisragout 50
Sizilianisches
  Auberginengemüse 65
Tomaten-Crostini 10
Tomaten-Mozzarella-Pizza 54
Tzatziki 12

V
Vanille (Warenkunde) 82
  Crème caramel 89
  Rotweinbirnen 92
  Zitronentarte 87
Vermicelli mit Gemüse 46
Vollkornmehl (Warenkunde) 5

W
Weiße-Bohnen-Salat 22
Windbeutel-Duett 90

Z
Zitronentarte 87
Zucchini
  Marinierte Zucchini 17
  Musaka mit Zwiebel-Nuß-
    Ragout 66
  Zucchinipuffer 15
Zwiebeln
  Buntes Gemüsegratin 73
  Marinierte Zwiebeln 17
  Musaka mit Zwiebel-Nuß-
    Ragout 66

IMPRESSUM

© 1995 Gräfe und Unzer Verlag
GmbH, München
Alle Rechte vorbehalten.
Nachdruck, auch auszugsweise,
sowie Verbreitung durch Film,
Funk und Fernsehen, durch
fotomechanische Wiedergabe,
Tonträger und Daten-
verarbeituntgssysteme jeder Art
nur mit schriftlicher
Genehmigung des Verlages.

Redaktion: Christine Wehling
Lektorat: Monika Zedlitz
Layout, Typographie und
Umschlaggestaltung:
H.-J. Beckers
Fotos: H.-J. Beckers,
F. Schotten
Foodstyling: Astrid Schotten
Grafiken: H.-J. Beckers
Herstellung: Ina Hochbach
Satz: Filmsatz Schröter,
München
Reproduktion: Penta Repro,
München
Druck und Bindung: Appl,
Wemding

ISBN 3-7742-2777-2

Auflage   5. 4. 3. 2. 1.
Jahr   1999 98 97 96 95

Dankeschön an:
Gunther Lambert GmbH,
Mönchengladbach
Casa bea GmbH & Co,
Mönchengladbach

Cornelia Schinharl lebt in der
Nähe von München und studierte
zunächst Sprachen, bevor sie
sich dem Bereich Ernährung
zuwandte. Ihr Interesse für kuli-
narische Themen war schon
immer groß. Nach der fundierten
Ausbildung bei einer bekannten
Food-Journalistin und einem
Praktikum bei einem großen
Hamburger Verlag machte sie
sich 1985 als Redakteurin und
Autorin selbständig. Es sind
seither zahlreiche Bücher von
ihr erschienen.

Heinz-Josef Beckers studierte an
der Universität Essen GH (Folk-
wang) Kommunikations-Design.
Food-, Stillife- und experimen-
telle Fotografie zählen ebenso zu
seinem Tätigkeitsfeld wie die
konzeptionelle und grafische
Arbeit für Firmen, Verlage und
Agenturen.

Franz Schotten jun. studierte
Kommunikations-Design an der
Universität Essen GH (Folk-
wang). 1990 eröffnete er in der
Nähe von Düsseldorf ein Studio
für konzeptionelle Fotografie. Zu
seinem Kundenkreis gehören
Agenturen, Verlage und Firmen.
Schwerpunkte seiner fotografi-
schen Arbeit bilden die Bereiche
Food-, Stillife- und Reportage-
fotografie.
Für das Styling ist Astrid
Schotten zuständig.

Typisch Mittelmeer!

Basilikum

Das einjährige Küchenkraut duftet intensiv und hat einen ausgeprägten, sehr aromatischen Geschmack. Basilikum können Sie in kleinen Töpfen kaufen und auf der Fensterbank immer frisch vorrätig haben. Im Sommer gibt es Basilikum auf Märkten und in Gemüsegeschäften auch bundweise in guter Qualität zu kaufen. Es läßt sich nicht lange lagern und wird schnell schlaff. Also immer frisch verbrauchen!

Fenchelsamen

Sie schmecken würzig-erfrischend und werden sowohl in der griechischen als auch in der italienischen Küche gerne verwendet. Kaufen können Sie Fenchelsamen in asiatischen Lebensmittelgeschäften und in Gewürzhandlungen Die Samen lassen sich kühl und trocken in einer verschließbaren Dose viele Monte lagern.

Joghurt

Vor allem für Vorspeisen aus Griechenland und der Türkei ist er ausgesprochen wichtig. Nehmen Sie dafür möglichst nicht unseren gewohnten Joghurt, sondern den fetten griechischen bzw. türkischen, den es gelegentlich auch aus Schafmilch zu kaufen gibt. Hier bleibt es Ihnen überlassen, ob Sie den würzigeren Schafmilch-Joghurt dem milden aus Kuhmilch vorziehen.

Kapern

Die grünen Blütenknospen des Kapernstrauches werden im Frühsommer geerntet und leicht getrocknet. Danach werden sie zum Konservieren in Essig, Öl oder auch in Salz eingelegt. In Salz eingelegte Kapern, die übrigens besonders würzig sind, vor der Verwendung immer in einem kleinen Sieb kalt abspülen, damit das Salz entfernt wird.

Knoblauch

Er würzt und schärft zugleich und ist eine der wichtigsten Zutaten des Mittelmeerraumes. Knoblauch ist eine sehr alte Kulturpflanze und gehört zu den Liliengewächsen. Knoblauch sollten Sie möglichst in kleinen Mengen kaufen, denn bei Zimmertemperatur beginnt er schnell auszutreiben und schmeckt dann nicht mehr so fein. Apropos Geschmack: Knoblauch mit rosa Schalen schmeckt besser als der makellos weiße. Und: grüne Triebe in der Mitte besser entfernen.

Kreuzkümmelsamen

Sie werden außer in der asiatischen und arabischen Küche vor allem in der Türkei verwendet und haben einen fein-würzigen Geschmack. Kaufen können Sie die Samen in asiatischen oder türkischen Geschäften.